WIR & UNSER PLANET

SO

**REDAKTION
MAISIE SKIDMORE**

LEBEN

WIR

WIR

&

UNSER

PLANET

| | VORWORT | 7 |
| | EINLEITUNG | 8 |

1 ZEIT 11

MÖBELIKONEN	NATURA	13
	IVAR	14
	LISABO	16
PERSÖNLICHER BESUCH	ELORA HARDY	18
RITUAL	ELORA HARDY STILLT IHRE TOCHTER BEI SONNENAUFGANG UND SONNENUNTERGANG	29
FOTO-ESSAY	BARBARA PROBST	32
PERSÖNLICHER BESUCH	RIDHIMA PANDEY	40

2 RAUM 51

MÖBELIKONEN	LÖVET	53
	IKEA PS BETTSOFA	54
	BEKVÄM	57
PERSÖNLICHER BESUCH	MIDORI SHINTANI	58
RITUAL	MIDORI SHINTANI SERVIERT BESUCHER*INNEN TEE	69
FOTO-ESSAY	LIAM SIELSKI WATERS	72
PERSÖNLICHER BESUCH	FAMILIE LEVEN	80

3 ESSEN 91

MÖBELIKONEN	STARTBOX KÖK No.1	93
	IKEA 365+	94
	HUVUDROLL	97
PERSÖNLICHER BESUCH	RON FINLEY	98
RITUAL	RON FINLEY GENIESST SEINEN GARTEN	109
FOTO-ESSAY	MATTHEW DONALDSON	112
PERSÖNLICHER BESUCH	KAMAL MOUZAWAK	120

4 AUSZEIT 131

MÖBELIKONEN	**IKEA PS GULLHOLMEN**	133
	SYMFONISK	134
	BJÖRKVALLA	136
PERSÖNLICHER BESUCH	**ALEXIS SABLONE**	138
RITUAL	**ALEXIS SABLONE GENIESST JEDEN MORGEN IHREN KAFFEE**	149
FOTO-ESSAY	**BRIGITTE NIEDERMAIR**	152
PERSÖNLICHER BESUCH	**FAMILIE RODRIGUEZ-MARTIN**	160

5 SPIELEN 171

MÖBELIKONEN	**PLUFSIG**	173
	DUKTIG	174
	KLIPPAN	177
PERSÖNLICHER BESUCH	**JEAN-CHARLES LEUVREY**	178
RITUAL	**JEAN-CHARLES LEUVREY ANGELT VON SEINEM FRACHTKAHN AUS**	189
FOTO-ESSAY	**HUGO YU**	192
PERSÖNLICHER BESUCH	**MISAKI KAWAI**	200

6 GEMEINSCHAFT 211

MÖBELIKONEN	**RYET**	213
	FÖRNUFTIG	215
	MISTELN	216
PERSÖNLICHER BESUCH	**FAMILIE SOH**	218
RITUAL	**FAMILIE SOH VERSAMMELT SICH UM DEN ESSTISCH**	229
FOTO-ESSAY	**SAHIL BABBAR**	232
PERSÖNLICHER BESUCH	**BUBU OGISI**	240

MITWIRKENDE	250
INDEX	252
DANKSAGUNG	255

VORWORT

UNSER VATER, INGVAR KAMPRAD, nahm 1976 Stift und Papier zur Hand, um die Eckpfeiler von IKEA aufzuschreiben. Er hatte das Unternehmen 1943 gegründet und zu dem Zeitpunkt bereits mehr als 30 Jahre lang an dessen Aufbau gearbeitet. Sein Ziel war es, den Geist, die Kultur und die Werte von IKEA für zukünftige Generationen zu bewahren.

Daraus entstand *Das Testament eines Möbelhändlers*, eine einfache Zusammenfassung unserer wichtigsten Werte – von der Bereitschaft, Fehler zu machen, bis hin zur Kraft der Zusammenarbeit. In neun Punkten erläuterte er unsere gesamte Philosophie. „Einfachheit ist eine Tugend" lautet die Überschrift eines Kapitels. An einer anderen Stelle schreibt er: „Die Verschwendung von Ressourcen ist eine der größten Krankheiten der Menschheit." Der wichtigste von allen unseren Werten ist jedoch die Gemeinschaft – weil IKEA das Werk des Gedankenaustauschs vieler Menschen ist, die im Laufe der Jahre zu seinem Erfolg beigetragen haben.

Das vielleicht Wichtigste nennt Ingvar in seiner Einleitung des *Testaments*, in der er die Vision von IKEA erläutert: einen Aufruf zum Handeln, der bis heute der Grund für die Existenz unseres Unternehmens ist. „Den vielen Menschen einen besseren Alltag schaffen" heißt es darin. Dies ist seit jeher unser Grundsatz.

Der Kampf gegen die „Verschwendung von Ressourcen", den Ingvar bereits 1976 führte, hat eine neue Dringlichkeit gewonnen, nachdem die ökologische Krise zu einer weltweiten Realität geworden ist. Der Klimawandel zählt zu den größten Herausforderungen der Menschheit. Doch „den vielen Menschen einen besseren Alltag schaffen" bedeutet, einen positiven Beitrag für die Menschen *und* den Planeten zu leisten. Es bedeutet, alles in unserer Macht Stehende zu tun, um die Bedürfnisse der Menschen von heute zu erfüllen, ohne die Bedürfnisse zukünftiger Generationen zu beeinträchtigen. Es bedeutet, optimistisch zu sein, zu handeln und mit gutem Beispiel voranzugehen. Nachhaltigkeit steht daher ganz oben auf unserer Agenda.

Indem wir unseren eigenen Konsum überdenken und uns neue Arbeitsweisen aneignen, möchten wir bei IKEA Vorreiter*innen sein und – gemeinsam mit unseren Mitarbeiter*innen, Kund*innen und Partner*innen – zum Umweltschutz und zur Regeneration des Planeten beitragen. Unser Ziel ist es, unsere Arbeitsweise bis 2030 von linear vollständig auf zirkulär umzustellen und die komplette Erneuerung der von uns genutzten Ressourcen sicherzustellen. Indem wir durch das gute Beispiel führen und zeigen, was möglich ist, werden wir zudem andere Unternehmen dazu inspirieren, das Gleiche zu tun.

Zum Zeitpunkt der Erstellung dieses Buches (2021) hat IKEA Einrichtungshäuser in mehr als 60 Ländern auf der ganzen Welt. Mehr als 220.000 Mitarbeiter*innen tragen täglich dazu bei, dass unsere Vision Wirklichkeit wird, indem sie Bescheidenheit, Willenskraft und „Zufriedenheit" mit jeder Entscheidung, jedem Fehler, jeder Übertragung von Aufgaben neu definieren. Dieses Buch ist allen unseren Mitarbeiter*innen gewidmet.

Ingvars *Testament* beweist, dass das geschriebene Wort eine enorme Kraft besitzt. Um die Welt zu verändern, müssen gute Ideen gepflegt und geteilt werden, um so viele Menschen wie möglich zu erreichen. Dieses Buch zeigt, wie inspirierend Menschen und ihre Ideen sein können.

Noch wichtiger als Reden ist jedoch Handeln. Ingvar schreibt: „Nur indem wir uns ständig fragen, wie wir das, was wir heute tun, morgen besser machen können, kommen wir weiter." Wir hoffen, in diesem Buch einige der kleinen Dinge beleuchten zu können, die wir alle zu Hause tun können, um eine positive Auswirkung auf unseren Planeten zu haben. Gemeinsam können wir „den vielen Menschen einen besseren Alltag schaffen".

PETER, MATHIAS UND JONAS KAMPRAD

EINLEITUNG

WAS EINST ALS NEBENSÄCHLICH GALT, ist zu einem Grundgedanken unseres Alltags geworden: Nachhaltigkeit. Der Begriff ist natürlich nicht vollkommen. Er ist ein Versuch, eine ganze Reihe von Ideen unter einen Hut zu bringen, wie etwa Bewusstsein, Koexistenz, Verantwortung, Ehrlichkeit, Respekt und Handeln. Nachhaltigkeit impliziert einen idealen Zustand, in dem alle unsere Systeme zirkulär sind, wir uns unser Verhalten sorgfältig überlegen und unser Planet intakt ist. Dafür sind jedoch deutlich umfangreichere Maßnahmen erforderlich, als wir bisher ergreifen, wenn wir zukünftige Katastrophen, wie überflutete Städte, brennende Wälder und Klimaflucht abwenden wollen. Nachhaltigkeit ist nicht vollkommen, aber es ist das, was wir haben. Daher arbeiten wir damit.

Vielleicht kommt uns die Nachhaltigkeit ab und an in kurzen Augenblicken in den Sinn, während wir beim Zähneputzen den Wasserhahn zudrehen, auf unser Fahrrad steigen, um zur Arbeit zu radeln, oder unseren Bio-Abfall kompostieren. Diese kleinen, alltäglichen Handlungen können belanglos erscheinen – speziell im Vergleich zu den komplexen Unterfangen der Regierungspolitik oder den Extravaganzen der Industrie. Doch in der Summe haben sie eine enorme Wirkung. Sie zeigen unsere Ausrichtung im fortlaufenden Dialog über die Notwendigkeit, mehr zu tun, und darüber, wie dieses „Tun" aussieht. Der Schlüssel liegt in der Gemeinschaft. Gemeinsam verändern wir die Welt.

Die Gemeinschaft trägt auch dazu bei, dass wir uns in unseren Gewohnheiten, Ideen, Einsichten und Verbindungen fortlaufend weiterentwickeln. Uns ist bewusst, dass das Leben gelebt werden will und dass es bei unserem Streben nach Glück auf unsere kleinen alltäglichen Handlungen ankommt. Natürlich kann es hierbei zu Konflikten kommen, da die Dinge, die wir schätzen, oft nicht die Dinge sind, die den größten Wert haben. In diesem Buch möchten wir einen Schritt zurücktreten und versuchen, einen Blick auf die größeren Zusammenhänge zu werfen. Wir beleuchten darin die Zukunft unseres Planeten im Hinblick auf sechs unserer wertvollsten Ressourcen: Zeit, Raum, Essen, Auszeit, Spielen und Gemeinschaft.

Wir sind jedoch nicht nur einen Schritt zurückgetreten, sondern auch viele Schritte auf andere zugegangen und haben sie in ihren Wohnungen, Häusern, Gärten und sogar auf einem Frachtkahn besucht. Wir waren unter anderem auf Bali, in Mexiko, Moskau und Beirut. Bei IKEA besuchen wir seit den 1950ern Menschen auf der ganzen Welt in ihrem Zuhause, um mehr darüber zu erfahren, wie sie leben. Inspiriert von der Sorgfalt, Offenheit, Neugier und Überraschung, die dieser Ansatz mit sich bringt, haben wir Menschen an zwölf Orten auf der ganzen Welt persönlich besucht, um mehr über ihren Weg zu einer nachhaltigeren Lebensweise zu erfahren. Sie sind Aktivist*innen, Künstler*innen, Sportler*innen, Architekt*innen und Unternehmer*innen. Manche kümmern sich um kleine Kinder, andere um Wälder. Sie teilen ihre Gedanken darüber, wie wir unsere Häuser bauen, uns durch unsere Städte bewegen und uns kleiden. Natürlich konnten wir von allen etwas lernen.

Unter anderem haben wir gelernt, dass das Zuhause heute kein so einfaches Konzept mehr ist wie früher – insbesondere nach dem komplexen Wandel, der durch eine globale Pandemie ausgelöst wurde. Unsere Gärten, Arbeitsplätze, örtlichen Parks, Geschäfte und Cafés sind Teil unseres Zuhauses. Uns ist wichtig, dass wir uns zu Hause fühlen, wenn wir Freund*innen und Nachbarn besuchen oder Ausflüge an neue Orte unternehmen. Beim Bau unserer Häuser nutzen wir unsere Gemeinschaft, fördern unsere lokalen Ökosysteme und achten aufeinander. Auch unsere Hausbesuche bezeichnen wir daher als „persönliche Besuche". Um unnötige Reisen zu vermeiden, wurden sie nach Möglichkeit von Schriftsteller*innen und Fotograf*innen durchgeführt, die vor Ort leben. Dies hat zu einer außergewöhnlichen Gruppe globaler Mitwirkender geführt (aufgelistet auf den Seiten 250–251). Mit den folgenden Interviews und Bildern möchten wir einen kleinen Ausschnitt dessen teilen, was das Leben von jedem dieser Menschen – von jedem und jeder von uns – außergewöhnlich macht. Wenn sie zu eigenen Handlungen inspirieren, die unsere Welt ein klein wenig nachhaltiger machen, umso besser.

Außerdem zollen wir einigen Produkten Tribut, die in den vergangenen 70 Jahren die Ideen von IKEA hinsichtlich eines „guten Designs" verkörpert haben. Unsere Möbelikonen – von denen jede eine nachhaltige Lösung für Zeit, Raum, Essen, Auszeit, Spielen oder Gemeinschaft darstellt – wurden von den fünf Dimensionen des Democratic Design inspiriert. IKEA hat das Konzept geschaffen, um Produkte zu entwickeln, die „die vielen Menschen" lieben und sich leisten können. Um als Democratic Design eingestuft zu werden, muss ein Produkt fünf Kriterien erfüllen: Form, Funktion, Qualität, Nachhaltigkeit und niedriger Preis. Unsere Möbelikonen sind nur eine kleine Auswahl der Errungenschaften, die dieser konsequente Designprozess hervorgebracht hat. Auch heute noch entstehen nach diesem Grundkonzept schöne, funktionale, langlebige und erschwingliche Lösungen für alltägliche Aufgaben, die sich positiv auf die Menschen, die Gesellschaft und unseren Planeten auswirken.

Die Möbelikonen sind das Ergebnis der eingehenden Erforschung unseres realen Lebens. Unter „Rituale" werfen wir daher einen Blick auf die wesentlichen Routinen, die unseren Alltag prägen, sowie die Gegenstände und Ideen, die diese Routinen ermöglichen. In unseren Foto-Essays haben wir schließlich Künstler*innen und Fotograf*innen eingeladen, unsere Themen kreativ zu untermalen – was ihnen auf originelle, schalkhafte und exzentrische Weise gelungen ist.

Man könnte dieses Buch als eine Art Forschungsbericht betrachten. Eine Studie über Nachhaltigkeit – mit allem, was dieser Begriff bedeutet – und unsere heutige Lebensweise. Die Geschichten haben uns zu großen und kleinen Veränderungen inspiriert. Wir hoffen, dass es den Leser*innen ebenso geht.

MAISIE SKIDMORE

ZEIT

IN EINER MODERNEN WELT, die dadurch bestimmt wird, wie wir Ressourcen nutzen und missbrauchen, ist Zeit nach wie vor das kostbarste aller Güter. Schließlich ist sie die einzige Währung, die, nachdem wir sie ausgegeben haben, unwiederbringlich verloren geht. Im Kampf gegen den Klimawandel und seine schon jetzt verheerenden Auswirkungen weltweit ist Zeit nicht nur wichtig, sondern entscheidend. Einfach ausgedrückt: Je schneller wir unsere Lebensweise auf diesem Planeten verändern, desto höher ist die Chance, dass er für zukünftige Generationen sicher und bewohnbar bleibt.

Zeit ist für IKEA seit jeher ein wichtiger Faktor. Unsere Mission besteht darin, vielen Menschen hoch funktionale, gut verarbeitete, langlebige und nachhaltige Produkte zu einem erschwinglichen Preis anzubieten. Bei den in diesem Kapitel beschriebenen Möbelikonen werfen wir unter anderem einen Blick darauf, wie ein wunderschön verarbeiteter Stuhl aus den späten 1970er Jahren von Hand zu Hand gereicht wird und noch immer so beliebt ist wie vor fast 50 Jahren.

Die Frage der Zeit lässt sich für IKEA heute mit einer zentralen Lösung beantworten: dem zirkulären Design. Zwei Produkte tragen maßgeblich zur hundertprozentigen Zirkularität des Unternehmens bis 2030 bei: ein modulares Aufbewahrungssystem, das sich anpasst und mit dir wächst, und unsere intelligente neue Tischlereitechnik, mit der Kund*innen Möbel im Handumdrehen zusammenstecken – und vor allem auch wieder zerlegen – können.

Ridhima Pandey, eine junge Umwelt- und Klimaschutzaktivistin aus Uttarakhand (Indien), macht energisch auf die tickende Uhr aufmerksam. Bereits mit neun Jahren reichte Ridhima Pandey zunächst beim National Green Tribunal und später beim Obersten Gerichtshof von Indien eine Klage gegen die indische Regierung ein, weil diese ihrer Meinung nach ihren Verpflichtungen hinsichtlich des Klimawandels nicht nachkam. Ridhima hat in ihren 14 Lebensjahren auf diesem Planeten bereits intensiv dazu beigetragen, unsere Existenz darauf zu verlängern.

Infolge der sich verändernden Beziehung zu den Gegenständen, die wir besitzen, ist handwerkliches Können ausschlaggebend. Für Elora Hardy, eine auf Bali ansässige Designerin, die von der Natur inspirierte magische Räume entwirft und Bambus als einen ihrer Hauptwerkstoffe nutzt, ist Nachhaltigkeit die Basis für einfach alles: Wenn ein Gegenstand nicht gut für den Planeten ist, ist er auch nicht gut für uns. Mit ihren Designs aus dieser extrem schnellwüchsigen Pflanze, zu deren Verwendung sie auch andere inspiriert, ist sie eine von vielen, die eine Zukunft der Hoffnung und Fülle für unsere Kinder und Enkelkinder schafft.

Schließlich befasst sich die bildende Künstlerin und Fotografin Barbara Probst mit dem Faktor Zeit, indem sie eine legendäre Szene aus Alain Resnais' Kultklassiker von 1961, *Letztes Jahr in Marienbad*, neu darstellt. Es ist ein Experiment mit der Zeit. In ihren Händen wird die Kamera zur Zeitmaschine, die den Augenblick erfasst und für die Nachwelt festhält.

ZEIT

NATURA

IVAR

LISABO

Design: Karin Mobring, 1977

NATURA Die schönsten und am besten verarbeiteten Möbeldesigns sind auf Langlebigkeit ausgelegt. Sie sind dafür gedacht, von Generation zu Generation weitervererbt zu werden und dabei an emotionalem Wert zu gewinnen. Oft erlangen sie auch historischen Status und werden auf Auktionen versteigert.

Dies gilt definitiv für NATURA, einen markanten und gleichzeitig eleganten Armlehnstuhl aus massivem Kiefernholz und gegerbtem Leder, der 1977 auf den Markt kam. Der NATURA Sessel wurde von der schwedischen Designerin Karin Mobring entworfen. Mit seinen klaren Linien, der exquisiten Verarbeitung und der minimalistischen Form spiegelt er die anhaltende Wertschätzung der Epoche für modernistisches Möbeldesign wider.

Der Name des Stuhls und die Verwendung von nachhaltigem Holz und Leder repräsentieren den Wandel in der Designwelt. Diese verfolgte nach dem Plastikboom der 1960er Jahre ab der zweiten Hälfte des darauffolgenden Jahrzehnts einen umweltbewussteren Ansatz.

NATURA wurde über Nacht zum Klassiker und war bald in Wohn- und Arbeitszimmern auf der ganzen Welt zu finden – als zeitgemäße, kompaktere Alternative zu herkömmlichen Polstersesseln.

Mit seiner ansprechenden grafischen Form war NATURA prädestiniert, stilvoll zu altern... in der Tat ist er heute eines der begehrtesten Archivstücke von IKEA. Dank seines stabilen, lackierten Kiefernholzrahmens und des strapazierfähigen Sitzes, dessen Leder mit der Zeit weicher wird und eine schöne Patina entwickelt, wird er noch lange so manches Wohnzimmer zieren.

Design: IKEA of Sweden, 1967

IVAR Oft sind es die einfachsten Ideen, die überdauern, wie es etwa IVAR, eine der beständigsten Democratic-Design-Ikonen von IKEA, beweist. Das einfache, anpassbare Aufbewahrungssystem zählt seit über einem halben Jahrhundert zum Grundinventar unzähliger Haushalte. Das Möbelstück, das im Lauf der Zeit mehrmals den Namen gewechselt hat, gilt in Europa als Trendsetter für Einrichtungsgegenstände aus unbehandeltem Kiefernholz.

Entstanden war das System in den späten 1960er Jahren, als Ingvar Kamprad infolge des großen Vorkommens und der Erschwinglichkeit von Kiefernholz beschloss, dieses bei IKEA einzuführen. Just zu dieser Zeit war der Einkaufsleiter von IKEA, Lasse Olsson, auf die vielen, in schwedischen Verwaltungsgebäuden verwendeten Nutzregale aus Kiefer aufmerksam geworden. Bekannt wurde IVAR jedoch durch den jungen Einrichtungsspezialisten Lennart Ekmark, der einen von Lasses Prototypen im Wohnzimmerbereich der Möbelausstellung von IKEA aufstellte.

Gemäß dem IKEA-Prinzip von Versuch und Irrtum erwies sich das System als enormer Hit, der perfekt zum neuen Trend von „Pop-Art-Möbeln" passte, der die unbefangenere Lebensweise dieses Zeitalters widerspiegelte. IVAR wurde 1967 in das IKEA Sortiment aufgenommen und ist geblieben. Das überzeugende Zusammenspiel aus niedrigen Kosten, einer einfachen Konstruktion, Zweckmäßigkeit und Anpassungsfähigkeit macht das System allseits beliebt.

Es ist in jeder Hinsicht zeitlos. Seine Rohstoffe sind vollkommen nachhaltig (sogar die Verbindungselemente werden aus Holzresten hergestellt, die während der Produktion anfallen). Das massive Kiefernholz, das laut Lennart „im Prinzip nie ermüdet", überzeugt durch seinen günstigen Preis. Durch die modulare Bauweise lässt es sich einfach anpassen und erweitern. Außerdem kann jeder Bestandteil einzeln ersetzt werden – der Inbegriff von zirkulärem Design.

Darüber hinaus kann IVAR dank der zahlreichen Kombinationsmöglichkeiten von Komponenten und Zubehör immer wieder neu gestaltet werden. Das System lässt sich räumlich in alle Richtungen erweitern, in der Küche und im Arbeitszimmer verwenden und kann wahlweise in seiner unbehandelten Holzoptik belassen oder passend zur Einrichtung lackiert werden.

Design: Knut Hagberg und Marianne Hagberg, 2015

LISABO Produkte, die Zeit sparen, sind von unschätzbarem Wert. Das gilt auch für die Tische der LISABO Serie, deren lange Beine aus massiver Birke sich im Handumdrehen an die elegante Tischplatte aus Eschenfurnier stecken lassen.

Das Geheimnis hinter der schnellen Montage ist das von den IKEA Prototyp-Ingenieuren Anders Eriksson und Göran Sjöstedt entwickelte Holzdübel-Stecksystem. Die Beine haben am oberen Ende gefräste Kerben, die in eine vorgebohrte Öffnung an der Tischplatte geklickt werden. Dadurch sind Schrauben, Stifte und andere Werkzeuge nahezu überflüssig – eine Revolution im zirkulären Design.

Die Geschwister Knut und Marianne Hagberg, die das Holzdübel-Stecksystem erfunden haben, nutzten es in einer Reihe von leicht wirkenden, modernen Tischdesigns. Es zeichnete sich schnell ab, dass damit das Design von Flatpack-Möbeln revolutioniert und die Montagezeit um bis zu 80 Prozent verkürzt werden kann.

Die Tischbeine lassen sich in Sekundenschnelle in die Tischplatte stecken und arretieren. Die Tische sind dadurch nicht nur äußerst langlebig, sondern behalten auch ihr elegantes Erscheinungsbild und ihren handwerklichen Charakter bei.

So einfach entstand LISABO. Die Serie wurde 2016 noch vor ihrer Markteinführung für ihre moderne Ästhetik und ihre technologische Innovation mit dem renommierten Red Dot Design Award ausgezeichnet.

Zu den besten Eigenschaften der Tischserie zählt, dass sich die Tische nicht nur schnell zusammenbauen, sondern genauso zügig wieder zerlegen lassen. Im Gegensatz zu Schraubsystemen behalten sie ihre Stabilität auch nach dem erneuten Zusammenbau bei.

ZEIT

ELORA

HARDY

WIE BAMBUS vereint Elora Hardy in ihren Designs Verspieltheit und Spontanität mit Ruhe und Widerstandsfähigkeit. Sie kennt das Material gut: Als Gründerin und Creative Director von IBUKU leitet sie ein Architektur- und Designunternehmen, das mit Bambus faszinierende Gebäude auf ihrer Heimatinsel Bali (Indonesien) und der ganzen Welt baut.

Die gebürtige Kanadierin wuchs auf Bali auf, wo ihr Vater, der Vordenker John Hardy, gemeinsam mit seiner Frau Cynthia die Green School gründete. Mit 14 Jahren zog sie in die USA. Sie studierte Bildende Kunst in New York und baute sich im Anschluss 12 Jahre lang eine Karriere in der Modebranche auf. Aber als Tochter Indonesiens, die Bahasa mit der Gewandtheit eines balinesischen Blumenhändlers spricht, zog es Elora zurück in das Land ihrer Kindheit. Dort entdeckte sie ihre Leidenschaft für den Bau nachhaltiger Strukturen aus Bambus. Heute arbeiten sie und das IBUKU-Team unermüdlich daran, einer ausgezehrten, urbanisierten Welt etwas tropisches Flair zu verleihen.

Für ihre beiden temperamentvollen „Tropen"-Kinder Nayan und Nusa, haben sie und ihr Mann Rajiv ein originelles Bambus-Etagenbett in ein rustikales Baumhaus umgebaut. Dieses steht inmitten eines üppigen Gartens mit einer prächtigen Flora und Fauna.

BT: Was am Leben auf Bali hat dich zur Rückkehr bewegt?

EH: In New York fühlte ich mich vom kreativen Prozess distanziert. Erst der Dialog mit den Handwerker*innen stellt die Verbindung zwischen Mensch und Produkt her. Selbst in der Kunsthochschule war das Lernen sehr isoliert, und ich musste da einfach raus.

Für mich bedeutet die Arbeit mit kreativen Menschen Interaktion, gemeinsames Gestalten und Teamwork. Ich fühle mich auf Bali definitiv stärker mit der Natur verbunden und bin hier am kreativsten.

BT: Was bedeutet Nachhaltigkeit für dich?

EH: Schon als Teenager wollte ich wissen, warum Dinge auf eine bestimmte Art und Weise hergestellt werden und welchem Zweck sie dienen. Mir war bewusst, dass die Ressourcen, die wir zum Bauen verwendeten, im nächsten Jahrzehnt nicht mehr akzeptabel sein würden.

Ein Schlüsselmoment war für mich eine Dokumentation des Architekten William McDonough mit dem Titel *The Next Industrial Revolution*. Mir wurde dadurch klar, dass es nicht nur um das Konzept „Reduce, Refuse, Reuse" (zu Deutsch „Ablehnen, Reduzieren und Wiederverwenden") ging. In der Tat erklärte

Text BANDANA TEWARI
Fotos THOMAS SITO

McDonough, dass es nicht um die Frage von Wachstum oder kein Wachstum geht, sondern darum, wie gutes Wachstum aussehen kann. Das ist eine Frage der Absicht bzw. des Designs.

Das hat mich dazu gebracht, Dinge anders zu gestalten, Abfall bereits beim Design zu eliminieren und Schleifen statt Abwärtsspiralen zu schaffen. McDonough hat meine Sichtweise verändert. Nachhaltigkeit wird verkannt. Sie bietet viele spannende und kreative Möglichkeiten.

BT: **Wie ist deine Arbeit mit Bambus entstanden?**

EH: Bambus ist eine bemerkenswerte erneuerbare Ressource, die es in Indonesien im Überfluss gibt. Sie regeneriert sich innerhalb kurzer Zeit, ist flexibel, formbar und hat eine erstaunliche Druckfestigkeit, die mit Beton vergleichbar ist. Außerdem gibt es keine andere Pflanze in der Natur, die am Tag bis zu einen Meter wächst. Bambus liefert nicht nur eine schier endlose Rohstoffquelle, sondern birgt auch gewisse Herausforderungen bei der Verarbeitung. Wir mussten daher unsere Herangehensweise überdenken.

IBUKU wurde durch meinen Vater, John Hardy, und dessen Frau Cynthia, die Gründer der Green School, inspiriert. Ihr Ziel war es, Kindern für ihre Entwicklung einen schönen Raum zu bieten, gleichzeitig die natürliche Umgebung zu respektieren und ihnen die Hoffnung auf eine reichhaltige Zukunft zu geben. Bambus ist die bei Weitem sauberste Ressource.

BT: **Was inspiriert dich?**

EH: Es faszinierte mich, zu sehen, wie einheimische Frauen aus einfachen Palmblättern Gebetsmatten weben. Kunst ist in der westlichen Welt oft auf den Austausch einer bestimmten Gruppe mit einer Kunstgalerie beschränkt. Der Begriff „Kunst" trifft nicht wirklich auf die balinesische Lebensweise zu, wie ich sie kenne und liebe. In meiner westlichen Ausbildung fehlte die Schönheit, die Kunst, Design und Rituale in sich tragen. Jetzt verstehe ich, dass es auf Bali nie allein um Schönheit geht, sondern dass Schönheit etwas ist, das dem Design und der Funktionalität von Natur aus innewohnt.

BT: **Wie hat sich IBUKU seit seiner Gründung vor elf Jahren entwickelt?**

EH: Während wir uns zunächst auf die vielfältigen Gestaltungsformen von Bambushäusern konzentrierten, wurde uns zunehmend bewusst, dass auch die Innenräume den beeindruckenden äußeren Strukturen gerecht werden mussten. Kleine Details wie Türklinken und Geländer, die in herkömmlichen Gebäuden mitunter kaum auffallen, können in Bambushäusern ohne ein sorgfältig durchdachtes Design leicht unstimmig wirken. Selbst banale Details müssen an die Architektur angepasst werden. Aber genau das macht es so spannend. Wir verwenden Bambusreste, um besondere Merkmale zu schaffen. Bei neuen Bambuslieferungen halten wir jedes Mal nach den ausgefallensten Bambusrohren Ausschau, weil sie uns immer wieder auf neue Ideen bringen.

> „Es reicht nicht aus, ‚besser' oder ‚weniger schädlich' zu handeln. Wir müssen Gutes leisten und stolz darauf sein können, was wir tun und herstellen."
>
> – ELORA HARDY

BT: **Auf welche Kleinigkeiten können wir alle achten, um unsere Ökobilanz zu verbessern?**

EH: Menschen können im Alltag gute langfristige Entscheidungen hinsichtlich der Produkte treffen, die sie in ihr Zuhause bringen. Bequemlichkeit und sofortige Warenverfügbarkeit gefährden langfristig unsere Gesundheit. Indem wir Entscheidungen für unseren eigenen zukünftigen Komfort treffen und in langlebige Produkte investieren, können wir viel bewegen.

Für Menschen wie mich, die schöne und hochwertige Dinge lieben, kann es verführerisch sein, Schönheit einer guten Verarbeitung vorzuziehen. Schönheit zählt jedoch nur, wenn sie der Erde als unserem Zuhause und dem Zuhause der Generationen nach uns guttut. Es reicht nicht aus, „besser" oder „weniger schädlich" zu handeln. Wir müssen Gutes leisten und stolz darauf sein können, was wir tun und herstellen. Das ist eines der Ziele der Zirkularität.

BT: **Wie gestaltet ihr zusammen als Familie eure Freizeit?**

EH: Aktuell verbringen wir den Großteil unserer freien Zeit mit unseren Kindern. Wir haben zusammen ein kleines Baumhaus aus Bambusresten gebaut. Unser Sohn Nayan hat eine Schaukel an einem Guavenbaum bekommen, der gerade genau die richtige Größe dafür hat.

BT: **Wie verändert sich dein Tagesablauf in den verschiedenen Jahreszeiten?**

EH: Wenn auf Bali Trockenzeit ist, gehen wir spätnachmittags gern zum Fluss hinunter. Nusa, meine Tochter, und ihre Nanny besuchen fast täglich die Frischwasserquelle am Fluss. Gemeinsames Kochen als Familie macht natürlich auch immer enormen Spaß.

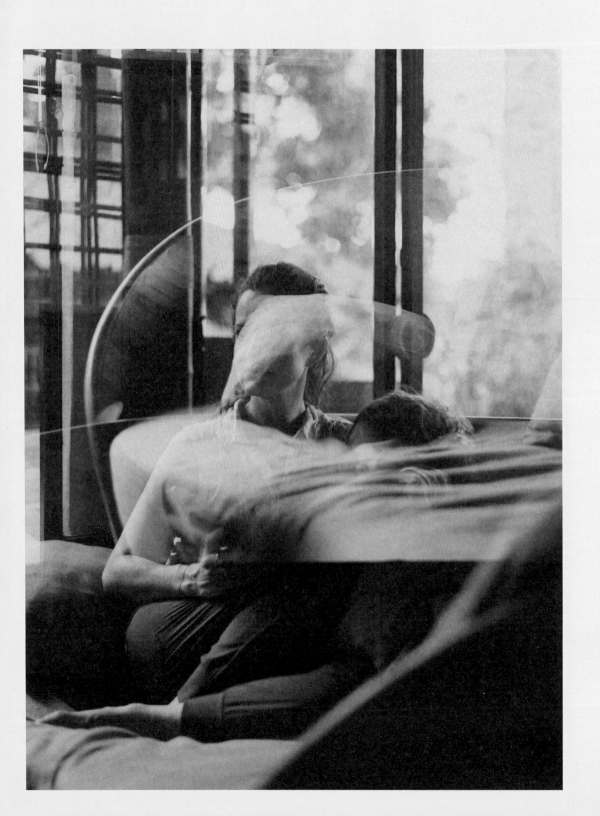

ZEIT

Ritual:
Elora Hardy stillt ihre Tochter bei Sonnenaufgang und Sonnenuntergang

DAS LEBEN MIT KLEINEN Kindern besteht tendenziell aus einer vielfältigen und sich stetig verändernden Reihe von Routinen und Ritualen. Bei Sonnenaufgang und Sonnenuntergang ist für Elora Hardy Kuschel- und Stillzeit mit ihrer Tochter Nusa. Die Sonnenstrahlen, die durch das grüne Laub der Bäume fallen, unterstreichen die wohlige Atmosphäre.

Das schlichte und üppige Sofa wurde speziell für diese Ecke des Hauses entworfen. Durch die Vielzahl der Kissen aus handgewebten Stoffen, die Elora über viele Jahre hinweg gesammelt hat, und die geschwungene Silhouette des Bambus hat man förmlich das Gefühl, dass das Sofa „einen umarmt", sagt Elora. „Das hat etwas enorm Beruhigendes."

Dies war auch das Ziel bei seinem Entwurf. „Von hier aus hat man eine herrliche Aussicht", schwärmt sie. „Der Blick schweift automatisch in die Ferne zu den hohen Bäumen. Dieser unfokussierte Ausblick in die Ferne ist für die Augen bekanntermaßen sehr entspannend."

Elora genießt den Blick über ihren ungezähmten Garten hinweg auf den dahinter gelegenen Wald. Es erfüllt sie mit Dankbarkeit. „Als ich in New York lebte, wollte ich unbedingt ein Apartment, von dem aus ich einen Baum und den Himmel sehen konnte", erzählt sie. In dem Betondschungel gestaltete sich dies jedoch „bemerkenswert schwierig"!

Heute hat sie anstelle von Beton und Stahl einen echten Dschungel vor dem Fenster. Elora genießt die Einfachheit der täglichen Routine, ihre Tochter in vertrauter Zweisamkeit auf dem Sofa liegend stillen zu können, und ist dankbar für all die schönen Dinge, mit denen sie und ihre Familie gesegnet sind.

Text BANDANA TEWARI
Fotos THOMAS SITO

ZEIT

Foto-Essay: Barbara Probst

IN ALAIN RESNAIS' Film *Letztes Jahr in Marienbad* aus dem Jahr 1961 vermischen sich Gegenwart, Vergangenheit und Fantasie. Ein Mann versucht eine Frau in einem luxuriösen Grand Hotel davon zu überzeugen, dass sich die beiden dort ein Jahr zuvor verliebt hatten. Die Frau hingegen beharrt darauf, sich daran nicht erinnern zu können. Barbara Probst rekonstruiert die legendärste Szene des Films: einen weitläufigen Ausblick über den Hotelgarten, der mit Statuen und Bäumen geschmückt ist, zwischen denen unbewegt Menschen stehen. Mithilfe mehrerer gleichzeitig eingesetzter Kameras gelingt es Barbara, eine multidimensionale Impression eines Augenblicks – eingefroren und zersplittert – für die Nachwelt festzuhalten.

ZEIT

40

Text GAUTAMI REDDY
Fotos DEVASHISH GAUR

DAS SCHLAFZIMMER VON RIDHIMA PANDEY ist schlicht, charmant und originell. Die Wände und Schränke sind mit selbst gemachten Papierkunstwerken und Stickern verziert. Ein knallroter Schreibtisch begrüßt die Besucher*innen. Auf ihrem Bett kuscheln ihre getigerten Katzen Miya, Tiger und Dodo. „Ich habe es geliebt, wenn wir alle gemeinsam auf meinem Bett ferngesehen haben", erzählt sie und meint damit ihre Eltern, beides Umweltschützer, und ihren jüngeren Bruder. „Jetzt haben wir das Gerät ins Wohnzimmer gestellt."

Die Vierzehnjährige ist hier in Haridwar, einer antiken Stadt und viel besuchten hinduistischen Pilgerstätte im nordindischen Uttarakhand, aufgewachsen. Die Stadt liegt am Ufer des Ganges, dort, wo er aus dem Himalaja entspringt. Ridhimas Verhältnis zu dem Fluss ist jedoch gespalten. „Ich finde ruhige Gewässer herrlich", erklärt sie. Das ist verständlich, nachdem sie mit sieben Jahren Zeugin einer tödlichen Sturzflut war, die über das Land hinwegfegte und Familien und deren gesamtes Hab und Gut mit sich riss. „Damals habe ich die großen Zusammenhänge noch nicht begriffen", erklärt sie. „Ich wusste nur, dass es Sturzfluten gab und ich meine Eltern darin verlieren könnte."

Sie schwor sich, alles in ihrer Macht Stehende zu tun, um die Krise zu lindern, die zu solchen Überschwemmungen führte. Im Jahr 2017 reichte sie daher eine Klage beim National Green Tribunal ein, in der sie die Untätigkeit der Regierung in Bezug auf die Klimakrise anprangerte. Nachdem die Klage abgewiesen wurde, brachte sie diese vor den Obersten Gerichtshof von Indien. Gleichzeitig leitet sie kommunale Maßnahmen zum Pflanzen von Bäumen, setzt sich umfassend für den Tierschutz ein und spricht mit Politikern und Changemakern auf der ganzen Welt. Zu Hause in Haridwar und darüber hinaus sorgt Ridhima mit ihrem ruhigen, aber beharrlichen Aktivismus dafür, dass kleine Steine große Wellen schlagen.

GR: **Was hat dich dazu inspiriert, Klimaaktivistin zu werden?**

RP: Es war weniger Inspiration, sondern vielmehr Angst, die mich dazu getrieben hat. Die Sturzfluten in Kedarnath im Jahr 2013 waren verheerend. Sie haben bei vielen Kindern Spuren hinterlassen, auch bei mir. Nachdem ich noch lange danach von Albträumen geplagt wurde, beschloss ich, etwas dagegen zu unternehmen.

GR: **Wie hast du die Zusammenhänge verstanden?**

RP: Meine Mutter hat mir die globale Erwärmung so erklärt: „Stell dir vor, über der Erde brennt ein Feuer. Dadurch steigt die Temperatur, und das Feuer wird, angefacht durch die aufsteigenden CO_2-Emissionen, immer stärker." Das verwirrte mich. Warum sollte es schlecht sein, wenn die Temperatur steigt? Ich habe den Sommer immer geliebt und wollte es genauer wissen. Als mein Vater meinte, dass ich am stärksten vom Klimawandel betroffen sein würde, habe ich das zu persönlich genommen. Mir war nicht bewusst, dass er meine ganze Generation meinte. Ich dachte: „Warum nur ich?!" Also beschloss ich zunächst, nachhaltig zu leben.

GR: **Was bedeutet es, nachhaltiger zu leben?**

RP: Es ging ja darum, den Temperaturanstieg zu verhindern, der zum Schmelzen der Gletscher und folglich zu Überschwemmungen führen würde. Ich begann also, sparsam mit Strom, Wasser, Lebensmitteln und Papier umzugehen. Ich hörte auf, Plastik zu verwenden oder verpackte Produkte zu kaufen. Unterwegs habe ich meine eigenen Stofftaschen, Wasserflasche und Besteck dabei. Ich kaufe auf dem lokalen Markt ein, statt online zu shoppen, und benutze nach Möglichkeit mein Rad und öffentliche Verkehrsmittel oder gehe schlichtweg zu Fuß. In unserer Familie werden außerdem zu Geburtstagen und Feiern Bäume gepflanzt. Oh, und ich liebe es, die alten Kleidungsstücke meiner Mutter zu tragen. Jedes Mal, wenn sie sich eine neue Kurta oder einen neuen Sari kauft, erinnere ich sie daran, dass sie mir diese in ein paar Jahren vererben soll. Manche muss ich ein wenig umarbeiten, aber dann passen sie mir perfekt.

GR: **Welchem Zweck dienen Petitionen bzw. Klagen?**

RP: Anfangs dachte ich, dass ein nachhaltiger Lebensstil ausreichend Veränderung bringen und sogar Sturzfluten verhindern könnte! Aber dann stellte ich fest, dass das nicht genug sein würde. Ich musste etwas Größeres tun. Also beschloss ich, eine Klage gegen die indische Regierung einzureichen, weil diese ihren Verpflichtungen hinsichtlich des Klimawandels nicht nachkam. Es ging darum, einen Dialog zu beginnen. Außerdem habe ich zusammen mit 16 anderen Jugendlichen eine Beschwerde bei den Vereinten Nationen wegen Untätigkeit hinsichtlich des Klimawandels eingelegt.

GR: **Junge Aktivistinnen und Aktivisten sind auf dem Vormarsch. Glaubst du, dass die Staatsoberhäupter zuhören?**

RP: Die ältere Generation ist sehr mit ihrer eigenen Agenda beschäftigt. Wir werden zu Veranstaltungen, Treffen und Konferenzen eingeladen, kommen aber kaum zu Wort. Sie sagen, sie wollen mit uns zusammenarbeiten, aber wenn wir unsere Meinung äußern, erhalten wir keine Reaktion. Es ist, als ob sie sagen: „Ihr macht das toll, und jetzt könnt ihr gehen!" Es wäre sinnvoller, wenn sie sich tatsächlich anhören würden, was wir zu sagen haben.

GR: Was ist an jungen Aktivist*innen so besonders?

RP: Wir nehmen die Sache ernst. Wir leiten kein Unternehmen und keine Regierung. Wir haben keine Gewinne zu verlieren, sondern nur unsere Zukunft. Nachdem die ältere Generation sich nicht darum kümmert, machen wir das.

> „Wir leiten kein Unternehmen und keine Regierung. Wir haben keine Gewinne zu verlieren, sondern nur unsere Zukunft. Nachdem die ältere Generation sich nicht darum kümmert, machen wir das."
>
> – RIDHIMA PANDEY

GR: Hast du ein persönliches Motto oder ein Mantra?

RP: Um es mit Gandhis Worten zu sagen: „Sei du selbst die Veränderung, die du dir für diese Welt wünschst." Ich glaube, wer wirklich etwas verändern will, dem fallen auch Möglichkeiten ein. Sobald man sich ein Ziel setzt, findet der Kopf automatisch Lösungen – im Großen und im Kleinen.

GR: Was würdest du Kindern und Jugendlichen raten, die etwas bewirken wollen?

RP: Beginne damit, es selbst zu tun. Und streike! Es ist dein Recht, dies zu tun, insbesondere wenn du das Gefühl hast, dass dir in irgendeiner Weise Unrecht getan wurde. Streiks sind etwas Greifbares. Sie bieten Raum zum Lernen – für Kinder und Erwachsene.

GR: Scheitern Aktivist*innen auch mal?

RP: Definitiv. Die Dinge laufen nie nach Plan. Anfangs wusste ich nicht, ob die Regierung meine Petition gelesen hatte. Nachdem wir jetzt aber Kampagnen durchführen und die Gemeinschaft einbeziehen, wissen wir, dass sie zuhört. Gleichzeitig taucht bei manchen Aufräum- und Pflanzaktionen, die ich in der Nachbarschaft organisiere, niemand außer meinem besten Freund auf. Manchmal muss man einfach selbst anpacken.

GR: Was für Pflanzen hast du?

RP: Ich liebe Zimmerpflanzen, aber die Katzen machen sie oft kaputt. Mein Bruder und ich haben aber ein paar Kübelpflanzen für den Balkon besorgt. Vor unserem Haus gibt es außerdem einen kleinen Gemüsegarten, in dem mein Vater lauter einfache, „praktische" Pflanzen zieht, wie Chilischoten und Zitronen, aber auch Rosen und Zitronengras. Direkt gegenüber wächst eine Reihe von Bäumen und Setzlingen, die ich selbst gezogen hab. Mein Favorit ist ein Ashokabaum. Den habe ich vor ein paar Jahren am Earth Day gepflanzt. Mittlerweile ist er richtig groß geworden und sieht schön aus.

GR: Was ist dein Lieblingsort zu Hause?

RP: Genau hier an meinem Schreibtisch. Hier mache ich meine Hausaufgaben und sitze bei Online-Besprechungen und Kursen.

GR: Was sagst du zu Menschen, die nicht an den Klimawandel glauben?

RP: Ich glaube nicht, dass sie wirklich gut informiert sind!

RAUM

DA DIE ZAHL der Menschen auf dem Planeten zunimmt und die Bevölkerung in den Städten dichter wird, werden neue Wohnräume – zwangsläufig – kleiner bemessen. Statt einzelnen Häusern werden Hochhäuser mit Atelierwohnungen gebaut. Familien ziehen auf Kanalboote, in Wohnmobile und „Tiny Houses" um. Dreidimensionales Denken hat in diesen Räumen klare Vorteile. Organisation ist alles. Wir können es uns in den Städten nicht mehr leisten, wertvollen Raum zu vergeuden. Schließlich brauchen wir ihn zum Spielen, Tanzen und Wohnen. In unserem neuen Zeitalter, in dem weniger mehr ist, können wir alle lernen, weniger Dinge zu kaufen und diese besser zu nutzen.

IKEA ist darin ein Spezialist – Menschen auf der ganzen Welt profitieren von seinen erschwinglichen, nachhaltigen Lösungen für kleine Wohnräume. Unsere Ikonen in diesem Kapitel sind drei zentrale Möbelstücke: eines unserer ersten Flatpack-Möbel, das sich durch seine einfache, wirtschaftliche Bauweise als bequemes Mitnahmemöbel auszeichnet, ein multifunktionales und gleichzeitig minimalistisches Bettsofa, das sich beim Umzug problemlos mitnehmen lässt, sowie einer unserer beliebten Tritthocker, mit dem auch die oberen Schrankregale leicht zugänglich werden.

Raum kann auch auf dem Land begrenzt sein, nicht so jedoch für Midori Shintani. Als Chefgärtnerin des Tokachi Millennium Forest, eines großen, visionären Umweltprojekts auf Japans nördlichster Insel, ist sie täglich für 400 Hektar Land und den Schutz seines 1000-Jahre-Plans zuständig. Der Medienunternehmer Mitsushige Hayashi hatte das weitläufige Naturgebiet als Ausgleich für die CO_2-Bilanz seiner Zeitung erworben. Heute bietet es Japans Stadtbevölkerung mit seinen Gärten, Bauernhöfen und Wäldern eine wertvolle Möglichkeit, Zeit in der Natur zu verbringen. Hier können die Menschen den Luxus von Raum und Weite genießen, den sie zu Hause vielleicht nicht haben.

Als Kontrast besuchen wir die Levens, die ihre Wohnung vor den Toren Moskaus derzeit an ihr junges Familienglück anpassen. Ihr kompakter, sich fortlaufend mit den Bewohnern wandelnder Lebensraum erfüllt gleich mehrere Zwecke – was auf bewundernswerte Weise gelingt. Wie für viele Menschen weltweit gehört auch für sie ein verantwortungsbewusster Lebensstil zu ihrem Alltag. Was sie dabei gelernt haben, erzählen sie auf den nächsten Seiten.

Der Künstler und Fotograf Liam Sielski Waters hingegen definiert Raum in seiner abstraktesten und unbegrenzten Form neu: als fantastische computergenerierte Landschaft aus architektonischen Betonstrukturen, die mit der Natur koexistieren. Er zeigt in seinen Bildern eine ebenso greifbare wie surreale Symbiose. Ob es sich dabei um postapokalyptische Szenen – vielleicht die Nachwirkungen der Klimakrise – oder das harmonische Zusammenspiel von Mensch und Natur handelt, liegt im Auge des Betrachters.

RAUM

LÖVET

IKEA PS BETTSOFA

BEKVÄM

Design: IKEA of Sweden, 1956

LÖVET Herausforderungen waren bei IKEA schon immer ein Katalysator für Innovationen. Hätte Gillis Lundgren, unser erster Marketing Director, nicht Probleme gehabt, einen der ersten IKEA Couchtische in seinem Kofferraum zu verstauen, würden die Produkte des Unternehmens heute vielleicht ganz anders aussehen.

Der Tisch war ein Muster von LÖVET, einem Beistelltisch aus den 1950er Jahren mit einer blattförmigen Tischplatte aus Palisanderholz und drei massiven Birkenbeinen. Es war 1955, und Gillis sollte den Tisch von einer Möbelwerkstatt im ländlichen Schweden zu einem Katalog-Fotoshooting in der IKEA-Zentrale bringen.

Als LÖVET nicht in den Kofferraum seines Kombis passte, sägte er kurzerhand die Tischbeine ab, um sie später vor Ort wieder anzubringen. Ihm wurde bewusst, dass Möbel einfacher zu transportieren und auch erschwinglicher wären, wenn die Kund*innen sie zu Hause selbst zusammenbauen könnten.

Er unterbreitete seine Idee Ingvar Kamprad und überzeugte ihn, Möbel zur Selbstmontage zur Grundlage des IKEA-Geschäftsmodells zu machen. LÖVET war 1956 eines der ersten Flatpack-Designs, das IKEA auf den Markt brachte und damit eine Revolution des Möbelaufbaus auslöste.

Mit seiner bahnbrechenden Geschichte und seiner raffinierten, aber verspielten modernistischen Form wurde LÖVET zu einer geschätzten Ikone im IKEA-Archiv, die auf Auktionen begehrt ist. Als Ingvar 2013 ein Remake verschiedener IKEA-Klassiker aus den 1950er und 1960er Jahren vorschlug, stand LÖVET daher mit ganz oben auf der Liste.

Das neue Design war fast identisch. Nur der Name, LÖVBACKEN, und das Material der Tischplatte wurden verändert – der Palisander wurde durch eine nachhaltigere Furnierholzausführung ersetzt. Es ist bis heute eines der meistverkauften IKEA-Möbel, geprägt von der geschichtsträchtigen Vergangenheit seines Vorgängers.

IKEA PS BETTSOFA Durch die wachsende Bevölkerungsdichte in den Städten verkleinert sich zwangsläufig der individuelle Wohnraum. Multifunktionale Möbel sind daher wichtiger denn je, etwa in Form eines Schreibtischs, der gleichzeitig als Esstisch dient, oder eines Sofas, das sich im Handumdrehen in ein Bett verwandeln lässt.

Das von Chris Martin und Thomas Sandell entwickelte und 1999 eingeführte IKEA PS BETTSOFA ist ein solches Möbelstück. Die Schlichtheit des 2er-Sofas ohne Seitenteile, dessen Polster gleichzeitig als Kissen dienen, täuscht über sein cleveres Design hinweg. Mit einem kräftigen Ruck lässt sich der Stahlrahmen samt Matratze zu einem Doppelbett ausziehen. Erleichtert wird dies durch die großen Rollen, die sogar ein einhändiges Bedienen ermöglichen.

Das Bettsofa ist Teil der zweiten IKEA PS Serie eines wiederkehrenden Konzepts, bei dem Designer*innen eingeladen werden, ein bestimmtes Thema zu interpretieren, um innovative und erschwingliche Möbel im skandinavischen Design zu entwickeln. Im Mittelpunkt dieser Serie stand das Wohnen auf kleinem Raum – mit multifunktionalen und flexiblen Möbeln, die möglichst viel Platz für andere Aktivitäten lassen.

Das Besondere daran war, dass die Kund*innen aus drei Matratzentypen sowie verschiedenen Stoffbezügen wählen konnten. Eine passende optionale Aufbewahrungsbox, die unter das Sofa geschoben werden kann, diente zum bequemen Verstauen des Bettzeugs.

Design: Chris Martin und Thomas Sandell, 1999

BEKVÄM Wenn es darum geht, den Stauraum in den eigenen vier Wänden zu maximieren, führt der Weg oft nur nach oben. Da die oberen Regale jedoch häufig schlecht erreichbar sind, entstehen neue Herausforderungen.

Der BEKVÄM Tritthocker, der vom langjährigen IKEA-Designer Nike Karlsson entwickelt wurde, kam im Jahr 2000 als praktische Tritthilfe auf den Markt.

Das ursprünglich aus Espenholz gefertigte Möbel wird mittlerweile aus massiver Birke oder Buche hergestellt. Das robuste und raffinierte Design ist dazu gedacht, eine möglichst einfache Lösung für die genannte Herausforderung zu bieten. Die schrägen Beine und die rechteckigen Stufen sorgen für einen stabilen Stand. Durch das ovale Loch in der oberen Stufe lässt sich der Tritthocker bequem mit einer Hand tragen.

Auch wenn er gerade nicht gebraucht wird, muss sich der formschöne BEKVÄM nicht verstecken und ziert selbstbewusst jeden Raum. Mit 50 cm Höhe ist der Hocker bewusst etwas höher als herkömmliche Stühle und dadurch multifunktional. Kleine Kinder können ihn als Hochstuhl nutzen, indem sie sich auf die obere Stufe setzen, während die untere Stufe als Fußablage dient. Erwachsenen bietet er eine praktische Möglichkeit, um hohe Regale zu erreichen.

Sein Designer weiß jedoch, dass der Tritthocker auch als Nachttisch, Pflanzenständer, Aufsteighilfe beim Reiten und vieles mehr verwendet wird. Das dekorative Massivholz lässt sich zudem passend zur Einrichtung lackieren.

Design: Nike Karlsson, 2000

RAUM

MIDORI

SHINTANI

58

DER IN DEN WEITEN der nördlichsten Insel des japanischen Archipels gelegene Tokachi Millennium Forest ist ein Ort wie kein anderer. Ein visionärer Verleger hatte das Naturgebiet als Ausgleich für die CO_2-Bilanz seiner Zeitung erworben, um einen „tausendjährigen Park" zu schaffen, den auch zukünftige Generationen genießen können.

Das am Fuß des Hidaka-Gebirges gelegene 400 Hektar große Areal, in dem die Temperaturen im Winter bis auf -25 °C sinken können, umfasst Wälder, Gärten, Bauernhöfe und ein Café, in dem Besucher*innen Speisen mit Zutaten aus eigenem Anbau genießen können. Darüber hinaus ist der Wald für die große städtische Bevölkerung Japans ein wichtiger Zugangspunkt zur Natur. Mit seiner naturnahen Landschaftsgestaltung und der durchdachten Mischung aus einheimischen Pflanzen und Stauden folgt der Ort dem alten japanischen Kalender der 72 Jahreszeiten. Inspiriert vom japanischen Begriff *Satoyama*, der für das Zusammenleben von Mensch und Natur steht, wurde hier eine ganz eigene Welt geschaffen.

Seit 2008 leitet Midori Shintani dort als Chefgärtnerin das Team zusammen mit dem Landschaftsarchitekten Dan Pearson. Ihr Ziel ist, eine „neue Art des japanischen Gartenbaus" mit der wilden Natur von Hokkaido zu verschmelzen. Mit enormer Leidenschaft überwacht sie das weite Gelände und lässt es gedeihen, indem sie der Natur erlaubt, den Weg vorzugeben. Wir trafen sie im Gärtnerhaus, in dem sie während der Arbeit oft wohnt.

JK: Wie ist der Tokachi Millennium Forest entstanden? Und was hat dich daran fasziniert?

MS: Hokkaido war schon immer ein Land der Pioniere. Unser Eigentümer, der Zeitungsverleger Mitsushige Hayashi, kaufte das ehemals verlassene Gelände, um als Ausgleich für die CO_2-Bilanz seines Unternehmens ein Umweltschutzprojekt ins Leben zu rufen. Im Jahr 1996 beauftragte er den Landschaftsarchitekten Fumiaki Takano von Takano Landscape Planning mit der Entwicklung eines Konzepts für einen neuen öffentlichen Park. Dan Pearson kam im Jahr 2000 als Gartendesigner hinzu und entwickelte die Idee einer kultivierten und dennoch naturnahen Bepflanzung. Als ich 2007 eine Stellenausschreibung des Millennium Forest sah, wusste ich, dass ich dorthin gehörte.

JK: Wie entscheidest du, was gepflanzt werden soll?

MS: Dan und ich unterhalten uns ständig über mögliche Pflanzen, nicht nur einheimische Arten, sondern auch Kultursorten. Aufgrund des ähnlichen

Text JOANNA KAWECKI
Fotos TAKASHI HOMMA

Klimas mischen wir einheimische japanische und nordamerikanische Arten und Kulturformen. Wir sehen es als unsere Mission, auch neue Pflanzen einzuführen, weil es auf dieser Welt so viele herrliche Pflanzen gibt! Die Besucher*innen sollen auch etwas Neues kennenlernen können. Neue Pflanzen zu entdecken ist das Schönste am Gärtnern und an unserem Park.

JK: Dein Team ist klein, und es gibt nur zwei Vollzeitgärtner*innen. Wie entscheidest du, was gemacht wird?

MS: Die Pflanzen und der Park stehen immer im Mittelpunkt. Unser Ziel ist es, die Pflanzen in ihrem Wachstum zu unterstützen. Denn Menschen können nicht ohne Pflanzen leben. Das versuche ich auch, den jungen Gärtner*innen und Student*innen zu vermitteln. Ich denke, als Gärtner*innen haben wir die Verantwortung, die Natur zu berühren. Durch meine Arbeit hoffe ich, eine starke Grundlage für das Gedeihen und den Fortbestand der Landschaft zu schaffen.

Die Mission von Tokachi Millennium Forest ist der Erhalt einer üppigen, natürlichen Umgebung für zukünftige Generationen. Doch es gibt noch eine weitere Botschaft. Wir Menschen denken in der Regel in Zeitabschnitten von 100 Jahren. Als Teil der Natur sollten wir uns jedoch der nächsten 1.000 Jahre bewusst sein, nämlich der Zeit des Waldes, nicht unserer Zeit. Wir machen nur einen winzigen, aber dennoch mitunter einflussreichen Teil der tausendjährigen Waldgeschichte aus.

JK: Wie sieht deine Tagesplanung aus?

MS: Das kommt auf das Wetter an, also ob die Sonne scheint oder ob es regnet. Die Vegetation verändert sich ständig von selbst. Wir tragen in Demut dazu bei, ein schönes Gleichgewicht zu schaffen. Wir sammeln und ernten viele der hier natürlich wachsenden Kräuter, Früchte und Gemüsearten, wie etwa den üppig vorkommenden japanischen Staudenknöterich für die Zubereitung von Gerichten in unserem Gartencafé. Es ist also ähnlich wie zu Zeiten unserer Vorfahren, die in einem *Satoyama* lebten. [Satoyama ist der japanische Begriff für das landwirtschaftlich nutzbare Gebiet am Fuße der Berge, in dem die Dorfbewohner seit Jahrhunderten mit der Natur zusammenleben.]

JK: Gibt es eine Gartensaison, die du besonders magst?

MS: Mir gefällt der Beginn der Gartensaison im April, wenn die Vegetation zu keimen begonnen hat. Ich spüre eine tiefe Freude darüber, dass sie den langen, harten Winter überstanden hat und alles wieder wächst und gedeiht. Den Wald so zu erleben, empfinde ich als einen sehr magischen Moment. Wenn der Schnee zu schmelzen beginnt, kann ich es kaum erwarten, dass die Pflanzen wieder zum Vorschein kommen. Meine Vorfreude ist enorm. Das ist für mich immer eine sehr aufregende Jahreszeit.

> „Neue Pflanzen zu entdecken ist das Schönste am Gärtnern und an unserem Park."
> – MIDORI SHINTANI

JK: **Wie können wir alle mehr Zeit mit der Natur verbringen?**

MS: Es gibt viele Möglichkeiten, um mit Pflanzen zu leben. Ich schneide fast jeden Tag Blumen ab. Es ist praktisch Teil unserer Lebensart. Durch das Abschneiden einer Blume kann sogar eine andere Sichtweise entstehen, die zu einer engeren Beziehung mit Pflanzen führt. *Ikebana* [die traditionelle japanische Kunst des Blumensteckens] diente ursprünglich dazu, der Natur Respekt zu zollen. Die Natur zu ehren, ist uns sozusagen angeboren. Mir gefällt besonders eine Idee des Teemeisters Sen no Rikyū, der die zehn Regeln der Teezeremonie entwickelt hat. Er schlägt vor, eine Blume wie ein Lorbeerblatt auf einem Feld zu arrangieren. Wenn man Blumen oder Gräser als Dekoration für Zuhause abschneidet, bringt man einen Aspekt der Natur ins Haus. Das gefällt mir sehr.

JK: **Was wünschst du dir, dass die Besucher*innen des Waldes mitnehmen?**

MS: Der Tokachi Millennium Forest ist ein hervorragender Ort, um uns bewusst zu werden, dass wir Teil der Natur sind. Das ist die wichtigste Botschaft. Der Park ist wie eine Brücke, die uns mit der Natur verbindet. Ich wünsche mir, dass unsere Besucher*innen das erkennen und ein Gefühl der Freude und der Geborgenheit empfinden. Es ist nichts, wovor man Angst zu haben braucht. Dann können wir auch sehen, was zu tun ist. Denn darum geht es bei dem Projekt: wie wir diese reiche Artenvielfalt für zukünftige Generationen erhalten. Der Millennium Forest ist eine Art Hoffnungsträger, der zeigen soll, dass wir eine wunderschöne, reiche natürliche Umgebung für lange, lange Zeit erhalten und im Einklang damit leben können.

RAUM

Ritual: Midori Shintani serviert Besucher*innen Tee

„JAPANER LEGEN GROSSEN** Wert auf Gastfreundschaft", erklärt Midori Shintani und blickt auf ihren sorgfältig gedeckten Tisch in dem traditionellen Reetdachhaus, in dem sie während ihrer Arbeit wohnt. Der Begriff *Omotenashi*, der frei übersetzt so viel bedeutet wie „Gäste von ganzem Herzen betreuen", beschreibt das japanische Verständnis von Gastfreundschaft – bei der liebevoll auf jedes kleinste Detail geachtet wird. „Für die Besucher des Millennium Forest stelle ich gern eine starke Verbindung zwischen ihnen, der Natur und den Pflanzen her."

Wenn Dan Pearson, der Landschaftsarchitekt des Waldes, oder andere Gärtner*innen oder Freund*innen aus dem Ausland zu Besuch sind, legt Midori Wert auf eine gemeinsame Teezeit. „Manchmal ist es nur ein ganz einfacher grüner Tee", erklärt sie. „Meistens stelle ich meinen Teetisch in der Ecke des Gartencafés für Gäste auf und benutze meine Lieblingsutensilien. Das sind meine gusseiserne *Tetsubin*-Teekanne und mein Geschirr."

Das Geschirr ist etwas ganz Besonderes. „Ich habe es von meinen Großeltern geerbt. Mein Großvater liebte die japanische Kultur – auch er hat Teezeremonien abgehalten und einen Garten angelegt. Er war eine große Inspiration für mich", erzählt Midori. „Das Haus meiner Großeltern liegt in der Gegend von Seto in der Nähe der Präfektur Aichi. Aus Seto stammt auch mein Geschirr. Die Teekanne ist mein Lieblingsstück. Sie wurde im Nambu-Verfahren hergestellt."

Die Gusseisenwaren der Manufaktur Kamasada mag sie am liebsten. „Diese Teekanne, die sehr schwer ist, verwende ich meist, wenn Dan oder andere Gäste zu Besuch sind" erklärt Midori. „Dann decke ich den Tisch und schmücke ihn mit Blumen. Als Platte verwenden wir ein großes Blatt aus dem Garten" – entweder von einer Honoki-Magnolie oder vom japanischen Staudenknöterich.

„Das ist ein Element unserer direkten Verbindung zu den Pflanzen", erklärt sie weiter. „Der Park dient nicht nur dazu, schöne Blumen zu präsentieren. Es ist vielmehr ein Ort, an dem wir die Natur hautnah erleben. Meine Hoffnung ist, dass die Besucher des Parks dieses Erlebnis mit nach Hause nehmen und in ihren Lebensstil integrieren."

Text JOANNA KAWECKI
Fotos TAKASHI HOMMA

RAUM

Foto-Essay: Liam Sielski Waters

TAUCHE EIN in eine Welt der Illusion, in der imposante, sich selbst überlassene Betonrelikte skurrile Symbiosen mit der Natur eingehen, umhüllt von einem Spiel aus Licht und Schatten. In dieser Serie computergenerierter Bilder befasst sich Liam Sielski Waters mit Raum als abstraktem Konzept. Er verwischt die Grenzen zwischen Vertrautheit und Fantasterei, Natürlichkeit und Künstlichem, Architektur und Arkadien, um etwas viel Surrealeres zu schaffen.

RAUM

FAMILIE

LEVEN

MARK UND LENA Leven leben mit ihrem kleinen Sohn Daniel in der geschäftigen Industriestadt Chimki in der Nähe von Moskau. Der Grafikdesigner und die Innenarchitektin hatten sich vor zehn Jahren durch die Arbeit kennengelernt. Beide verband sofort die Liebe zu nachhaltigem und minimalistischem Design. Ein Besuch ihrer 42 Quadratmeter großen Wohnung in einem modernen Wohnblock mit Blick auf einen Spielplatz und eine Reihe anderer Hochhäuser offenbart ihren bewussten Lebensstil.

Wenn man durch die Eingangstür kommt, ist es, als ob man einen Ort der Ruhe und Erholung betritt. Weiße Wände und PVC-Fliesen in Eichenoptik bilden die Kulisse des harmonischen Interieurs, akzentuiert durch schwarze, weiße und naturbelassene Holzmöbel. Der Flur führt in einen offenen Raum, der gleichzeitig als Wohnzimmer und Spielbereich dient. Auch der Essbereich und die Küche sind darin untergebracht. Nur das Badezimmer und das Schlafzimmer der Familie liegen hinter verschlossenen Türen.

Bemerkenswert ist das unerwartete Raumgefühl, das durch diskrete Aufbewahrungssysteme und die Beschränkung auf das Wesentliche entsteht. Ausgewählte Schmuckstücke, wie etwa kambodschanische Skulpturen und ein Set komplett weißer Matroschkas (Steckpuppen), zeugen von der Wertschätzung des Paares für Reisen und ihr eigenes russisches Erbe. Trockenblumensträuße und verschiedene Recyclingbehälter machen ihre Liebe zur Natur und ihre Entschlossenheit, diese zu schützen, deutlich.

DW: Mark und Lena, was hat euch zusammengebracht?

ML: Wir haben viele gemeinsame Interessen: Musik, Reisen und Einrichtung – wir lieben Innenarchitektur und einzigartige Gegenstände mit einer Geschichte. Wir besuchen gern neue Orte, in der Regel Berge, Wälder und das Meer. Städte finden wir beide nicht sehr interessant.

LL: Außerdem teilen wir die gleiche Vision für die Zukunft.

DW: Wie sieht die aus?

ML: Ein ausgewogenes Verhältnis zwischen dem Komfort des modernen Lebens und dem Einklang mit der Natur. Nachhaltig zu leben ist uns wichtig. Wir schätzen Minimalismus und Achtsamkeit – sowohl zu Hause als auch generell.

DW: Was hat euch bewogen, nach Chimki zu ziehen?

Text DAISY WOODWARD
Fotos GUEORGUI PINKHASSOV

ML: Ich hatte vor zwei Jahren eine neue Stelle in Moskau angenommen, sodass wir von Nowosibirsk, Sibirien, dorthin gezogen sind. Diese Wohnung haben wir vor einem Jahr gekauft. Chimki ist zwar eine geschäftige Stadt, aber wir leben in einem ruhigen Viertel. Hier wohnen viele Familien. Es gibt viele Parks und viel Natur. Im Sommer sind wir dort gern mit dem Fahrrad unterwegs. Wir sind nah an Moskau, wo wir arbeiten. Es ist eine komfortable, moderne Stadt, in der man viel unternehmen kann. Außerdem ist es ein guter Ausgangsort für Reisen.

DW: **Warum habt ihr euch speziell für diese Wohnung entschieden?**

ML: Es war eine komplett „nackte" Neubauwohnung, ohne Wände oder sonstige Einrichtung. Wir konnten sie von Grund auf selbst gestalten.

DW: **Wie seid ihr dabei vorgegangen?**

ML: Es ist eine recht kleine Wohnung, aber dank der cleveren Planung und eines minimalistischen Ansatzes ist es uns gelungen, einen komfortablen, ästhetisch ansprechenden und praktischen Raum zu schaffen, der uns alles ermöglicht, was uns wichtig ist. Eines der Geheimnisse sind multifunktionale Räume. Unser Schlafzimmer ist gleichzeitig Homeoffice und Nähzimmer für Lena, die ihre Kleidung selbst herstellt. Die Küche sowie der Ess-, Wohn- und Spielbereich befinden sich alle im selben Raum.

LL: Das war uns wichtig, damit Daniel bei uns sein kann, wann immer er will. Er kann zum Beispiel mit uns kochen oder gleich daneben spielen.

DW: **Wie habt ihr diese Multifunktionalität und diesen harmonischen Eindruck erreicht?**

ML: Durch sorgfältige Planung, um sicherzustellen, dass alles griffbereit verstaut ist, sowie die gezielte Wahl weißer Einrichtungsgegenstände. Weiß erweitert kleine Räume optisch und ist für das Auge entspannend.

LL: Wir haben beruflich viel mit Farben und komplexen visuellen Elementen zu tun. Unser Zuhause sollte ein Ruhepol sein. Das empfinden wir auch für Daniel als wichtig, um ihn nicht zu überreizen.

DW: **Wo gefällt es dir in der Wohnung am besten, Daniel?**

DL: Dort, wo meine Spielsachen sind.

ML: Er verbringt viel Zeit im Badezimmer. Vor kurzem hat er begriffen, dass Händewaschen wichtig ist. Jetzt macht er das etwa zehnmal am Tag.

LL: Er schwimmt auch gerne. Sein Sternzeichen ist Wassermann.

DW: **In eurer Wohnung sind auch diverse schwarze Elemente und Holzakzente zu finden. Was hat es damit auf sich?**

LL: Schwarz und Weiß ist eine klassische Kombination. Zusätzlich haben wir zahlreiche natürliche, nachhaltige Materialien integriert – Holz, Rattan, Korbweide und natürliche Stoffe etwa aus Baumwolle – um Gemütlichkeit zu schaffen und einen Bezug zur Natur herzustellen.

DW: **Nachhaltigkeit ist für euch eindeutig wichtig. War das schon immer so?**

LL: Als Nachhaltigkeit allgemein in den Mittelpunkt rückte und wir uns mehr damit befassten, wurde uns klar, dass wir etwas tun müssen. Daniel war ein weiterer wichtiger Grund dafür. Nachhaltigkeit ist für unsere Kinder wichtig. Wir gestalten ihre Zukunft.

ML: Die Umweltbelastung durch den Menschen zeigt sich selbst an den unzugänglichsten Orten in der Natur – das ist uns bei unseren Reisen aufgefallen. Es ist schwierig, die Natur zu genießen, wenn man von Müll umgeben ist. Unsere Verhaltensweisen umzukrempeln und umweltbewusster zu leben, war einfach eine logische Folge. Unser nächstes Ziel ist, auch die Menschen um uns herum dazu anzuregen, indem wir vorleben, dass es einfach ist, diese kleinen, aber wichtigen täglichen Veränderungen umzusetzen.

DW: **Was ist euer Tipp dafür?**

LL: Reduziere die materiellen Dinge in deinem Leben. Überlege, was damit passiert, wenn es dich nicht mehr gibt. Ein paar Lieblingsstücke, an denen man sich erfreuen kann, sollte jedoch jeder haben.

ML: Sortiere deinen Abfall, vermeide Verpackungen und nimm für den Kauf von Lebensmitteln deine eigenen Behälter mit. Für unterwegs sind wiederverwendbare Taschen und eine Wasserflasche nützlich. Richte dein Zuhause mit langlebigen, hochwertigen Gegenständen aus natürlichen Materialien ein. Nutze technische Fortschritte: Ein Geschirrspüler oder ein Induktionskochfeld spart Ressourcen. Nimm dir außerdem Zeit für das Wesentliche. Gönne dir vor allem auch Entspannung, insbesondere in der Natur!

> „Unsere Verhaltensweisen umzukrempeln und umweltbewusster zu leben, war einfach eine logische Folge. Unser nächstes Ziel ist, auch die Menschen um uns herum dazu anzuregen."
>
> – MARK LEVEN

ESSEN

ESSEN IST SOWOHL TEIL unseres kulturellen Erbes als auch ein enormer Genuss. Aber wenn man es dreimal am Tag macht (und leckere, nahrhafte Lebensmittel jederzeit verfügbar sind), vergisst man leicht, wie wichtig Essen für unser Überleben ist.

Heute haben wir gar keine andere Wahl mehr, als uns dessen bewusst zu bleiben. Extreme Witterungsbedingungen, Wasserknappheit und Bedrohungen der Artenvielfalt gefährden die Lebensmittelproduktion bereits. Es ist eine neue Realität, mit der wir umgehen – und die wir nach Möglichkeit mildern müssen.

Glücklicherweise bewirken selbst kleine Veränderungen unserer täglichen Gewohnheiten in der Summe etwas. Sei es, dass wir mehr Essen selbst frisch mit Obst und Gemüse aus der Region zubereiten, was sowohl für unsere eigene Gesundheit als auch die unseres Planeten gut ist, oder dass wir Aufbewahrungslösungen für Lebensmittel schaffen, die zur Reduzierung des Haushaltsmülls beitragen. Wir alle können täglich kleine Verbesserungen vornehmen.

Unsere Ikonen ehren ein paar der kleinen, aber nachhaltigen Innovationen von IKEA. Angefangen beim Essen selbst: In IKEA Restaurants und Bistros weltweit wird mittlerweile eine pflanzliche Alternative zu unseren legendären Fleischbällchen angeboten – mit nur 4 Prozent der CO_2-Emissionen des Originals. Außerdem feiern wir einfache, aber innovative neue Ideen, mit denen sich Essensreste länger frisch halten lassen. Und wir berichten von der ersten umfassenden Serie, die es jungen Menschen bei der Einrichtung ihrer ersten eigenen Wohnung ermögliche, sich eine Küche zu bauen, auf die sie stolz sein konnten.

Einige nachhaltige Lösungen für unsere Ernährung sind auch gut für die Seele. Von seinem Zuhause in South Los Angeles aus, einer Gegend, die er als „Lebensmittelgefängnis" bezeichnet, startete der Modedesigner und Aktivist Ron Finley eine Revolution, um den Bewohnern der Stadt gesunde und nahrhafte Lebensmittel zur Verfügung zu stellen. Ein wenig Gemüse, das er an den ungenutzten Straßenrändern in seiner Nachbarschaft angepflanzt hatte, wurde schnell zu einer globalen Mission. Jetzt nutzt er seinen stetig wachsenden Einfluss, um wie er es ausdrückt „Samen in den Köpfen zu pflanzen und die Menschen die Früchte ernten zu lassen".

Essen ist sowohl eine Frage der sozialen Gerechtigkeit als auch deren Lösung. Es hat die Macht, uns zu vereinen. In Beirut veränderte der Aktivist, Unternehmer und Gastronom Kamal Mouzawak die Essenskultur mit der Eröffnung des Souk El Tayeb, dem ersten wöchentlichen Bauernmarkt der Stadt seit dem Bürgerkrieg, sowie einer langen und stetig wachsenden Reihe von Projekten, um den wahren Geist der libanesischen Küche zu feiern. Als seine Stadt im August 2020 durch eine katastrophale Explosion einen schweren Schock erlitt, begann er, auf die Weise zu ihrem Wiederaufbau beizutragen, die er am besten kannte: indem er die Menschen mit Essen versorgte. Wir haben ihn in seiner Wohnung in Beirut besucht, von deren Fenster aus die anhaltenden Folgen dieses schrecklichen Tages zu sehen sind.

Schließlich zeigt uns der Fotograf Matthew Donaldson eine Serie von Aufnahmen von Lebensmitteln, wie du sie noch nie zuvor gesehen hast. Als langjähriger Verfechter des Experimentierens, der Unordnung und des Spiels gedenkt er vertrauten „Oops"-Momenten mit einer herrlichen Studie aus Farbe, Textur und Form... eine wahre Augenweide, wie du vielleicht zustimmen wirst.

ESSEN

STARTBOX
KÖK No. 1

IKEA 365+

HUVUDROLL

Design: IKEA of Sweden, 1987

STARTBOX KÖK No. 1 Die Einrichtung der ersten Küche kann eine Herausforderung sein – und war in den 1980er Jahren zudem auch kostspielig. Daher machte sich Ingvar Kamprad 1985 daran, das Kochen auch für Student*innen und andere, erstmals auf sich allein gestellte junge Menschen gleichermaßen erschwinglich zu machen. Angetrieben wurde er von der Überzeugung, dass die Zubereitung und der Genuss von selbst gemachten Speisen wichtige Schritte ins Erwachsenenalter sind.

Zwei Jahre später kam die STARTBOX KÖK No. 1 auf den Markt, ein 50-teiliges Starterpaket mit allem, was man zum Kochen braucht. Die vom internen Designerteam bei IKEA, darunter Knut und Marianne Hagberg, entwickelte Serie umfasste Töpfen, Pfannen, Teigschaber, Siebe, Flaschenöffner und vieles mehr.

Unter all den Küchenutensilien fiel eines ganz besonders auf, da es der schwedischen kulinarischen Tradition jener Zeit gänzlich widersprach: eine Knoblauchpresse. Alle Teile waren sowohl einzeln als auch – zu einem stark vergünstigten Preis – in der auffälligen STARTBOX KÖK No. 1 erhältlich.

Obwohl die Serie als kostengünstiges Starterpaket für angehende Köch*innen gedacht war, sollten die aus beständigen Materialien wie Edelstahl und Gusseisen gefertigten Utensilien insgesamt nicht nur praktisch sein, sondern auch lange Jahre halten.

Qualität und Funktionalität wurden durch ein strenges Testverfahren einer externen Firma in Stockholm sichergestellt. Die STARTBOX KÖK No. 1 erwies sich über Jahre hinweg als großer Erfolg.

Design: Sarah Fager, 2018

IKEA 365+ Die 1990er Jahre begannen mit einer großen Rezession, die der „Mehr ist mehr"-Mentalität, die in den 1980er Jahren in der westlichen Welt weitverbreitet war, ein jähes Ende setzte. Beim Design wich die kühne, postmoderne Verspieltheit einem von Pragmatismus geprägten Minimalismus.

Für IKEA war dies eine Gelegenheit, sich wieder auf das langfristige Ziel des Unternehmens zu besinnen: vielen Menschen funktionale und gut verarbeitete Produkte zu günstigen Preisen anzubieten. Im Jahr 1995 wurden Susan Pryke, Anki Spets und Magnus Lindström als Designer*innen an Bord geholt, um eine neue Küchenserie aus „guten Alltagsgegenständen" zu entwickeln.

Das Ergebnis waren 70 Teile, die das Kochen, Servieren und Essen einfacher und angenehmer gestalten sollten. Die aus langlebigen Materialien gefertigte Serie war für den täglichen Gebrauch gedacht – was sich auch in ihrem Namen widerspiegelt: IKEA 365+ (das „Plus" weist darauf hin, dass die Produkte darauf ausgelegt sind, die Erwartungen zu übertreffen).

Die 1997 veröffentlichte Serie IKEA 365+ wurde sofort zum Bestseller. Die jüngste Serie von Wiebke Braasch, Nike Karlsson, Henrik Preutz und Ola Wihlborg wurde 2017 auf den Markt gebracht. Ihr Ziel ist es, den Kund*innen zu helfen, ihre Küchenutensilien auf das Wesentliche zu reduzieren und somit mehr für die Nachhaltigkeit zu tun.

Zu den diesbezüglich innovativsten Produkten gehört die mit dem Good Design Award ausgezeichnete Serie von Vorratsbehältern zur Reduzierung von Lebensmittelabfällen. Die transparenten Behälter erleichtern den Kund*innen im Kühlschrank den Überblick. Die verschiedenen luftdicht schließenden Deckel erfüllen zudem unterschiedliche Zwecke. Mittlerweile halten ihre langlebigen Materialien – Borosilikatglas und Polypropylen – schnellen Temperaturwechseln stand, sodass darin eingefrorene Lebensmittel mitsamt dem Behälter direkt aus dem Gefrierfach in der Mikrowelle erhitzt werden können.

HUVUDROLL Um die Auswirkungen von uns allen auf den Planeten zu reduzieren, ist es wichtig, dass wir unser eigenes alltägliches Leben verändern. Eines der einfachsten Dinge ist, bewusster zu essen, doch oft sind die nachhaltigsten Lebensmittel auch die teuersten.

Bei HUVUDROLL, den Erbsenproteinbällchen von IKEA, ist dies nicht der Fall. Die umweltfreundliche Alternative zu KÖTTBULLAR, den legendären Fleischbällchen, kam 2020 in die IKEA Restaurants – 25 Jahre nach ihrem Vorgänger.

Um auch Kund*innen zu bedienen, die sich vegan ernähren, nahm IKEA 2015 Gemüsebällchen in seine Speisekarte auf. Mit der späteren Einführung der Erbsenproteinbällchen sollte jedoch ein noch ehrgeizigeres Ziel verfolgt werden: IKEA wollte alle Kund*innen, auch die, die Fleisch lieben, zu einer ökologischeren Wahl anregen.

IKEA verkauft jährlich eine Milliarde Fleischbällchen. Die CO_2-Emissionen der Erbsenproteinbällchen liegen bei nur 4 Prozent des Klassikers, sodass selbst die gelegentliche Wahl von Erbsenproteinbällchen statt Fleischbällchen einen deutlichen Unterschied machen kann.

Dazu musste das Team jedoch ein Fleischbällchen-Äquivalent entwickeln, das selbst die größten Feinschmecker zufriedenstellen würde und dabei so günstig wie das Original ist.

Nach vielen Versuchen wurde schließlich die ideale Kombination gefunden: Erbsenprotein, Hafer, Kartoffel, Zwiebel, Apfel und Gewürze. Die Erbsenproteinbällchen sind auch die gesündere Option für unseren Körper, sodass der Wechsel nicht nur für den Planeten gut ist.

Design: IKEA of Sweden, 2020

ESSEN

RON
FINLEY

DER GARTEN VOR Ron Finleys Haus in South Los Angeles ist ein Fest für die Sinne. Leuchtend orangefarbene Libellen schnellen durch üppiges grünes Laub. Ein Bachlauf plätschert über glatte Steine in ein ehemaliges Schwimmbecken mit olympischen Maßen. Der Duft von Zitrone und Lavendel liegt in der Luft. Wenn man genau lauscht, sagt Ron, hört man vielleicht sogar die Pflanzen summen. „Ich habe einmal Leute kommen lassen, die die Geräusche dieser Pflanzen verstärken konnten", erzählt er im Schatten an seiner Werkbank inmitten seines Gartens sitzend. „Das war faszinierend. Als sie die Lautstärke hochgedreht haben, klang es wie bei Phil Spectors *Wall of Sound*."

Ron beschloss im Jahr 2010, die oft vernachlässigten Straßenränder in seiner Nachbarschaft zu nutzen. Er pflanzte dort Gemüse an, erhielt von der Stadt Los Angeles jedoch schon bald eine Anzeige wegen „Gärtnern ohne Genehmigung". Das löste eine gartenbauliche Revolution aus, als Ron und andere Umweltaktivist*innen das Recht einforderten, die Straßenränder vor ihren Häusern zu bepflanzen und dort Gemüse anzubauen – und gewannen. Es ging ihm nicht nur um die städtische Landnutzung, sondern auch um den Zugang zu frischen Lebensmitteln. South Central Los Angeles ist eine „Lebensmittelwüste". Der Zugang zu gesunden Nahrungsmitteln ist hier extrem begrenzt oder gar nicht vorhanden. Jetzt bringt er den Menschen in seiner Umgebung durch seinen Garten und seine Wohltätigkeitsorganisation The Ron Finley Project bei, wie sie Obst und Gemüse für sich selbst anbauen können – und setzt sich für sozialen Wandel ein.

KP: Wann ist dir erstmals bewusst geworden, dass du einen grünen Daumen hast?

RF: Da war ich noch ein kleiner Junge. Damit verdiente ich mir mein erstes Taschengeld. Wir haben mit einem Handmäher die Rasen der Nachbarn gemäht und Unkraut gejätet. Von dem Geld sind wir dann ins Kino gegangen.

KP: Von Berufs wegen bist du Modedesigner. Gibt es hier Überschneidungen mit dem Gärtnern?

RF: Natürlich. Woher kommen Stoffe? Woraus werden Farben hergestellt? Es hängt alles zusammen.

KP: Hattest du 2010, als du anfingst, Gemüse an den Straßenrändern von South Los Angeles anzubauen, erwartet, dass daraus etwas Dauerhaftes entstehen würde?

Text KEVIN E.G. PERRY
Fotos MO MFINANGA

RF: Ja, weil ich eigentlich bereits viel früher damit begonnen hatte. Das erste Mal erhielt ich einen Haftbefehl und musste vor Gericht. Ich musste alle Pflanzen wieder entfernen. Als ich das Ganze 2010 wiederholte, lief alles gut, bis sich eine Nachbarin beschwerte. Sollte ich die alte Dame jemals wiedersehen, würde ich sie umarmen und zum Essen einladen. Ihre ursprüngliche Beschwerde hat eine Kette von Ereignissen ausgelöst. Es gab eine Gesetzesänderung, und ich wurde auf der ganzen Welt eingeladen, Vorträge zu halten. Jetzt sage ich den Leuten: „Liebe deine Gegner, denn sie werden dich berühmt machen."

KP: **Was ist das Ron Finley Project?**

RF: Das Ron Finley Project ist im Grunde eine Ideenschmiede. Wir wollen die Wahrnehmung der Menschen dahingehend verändern, was wirklich wertvoll ist. Menschen schätzen sich selbst zu wenig. Wir schätzen den Boden nicht. Wir schätzen das Wasser nicht, weil wir einfach nur den Hahn aufdrehen müssen. Was wir vor allem nicht schätzen, ist die Luft, weil wir sie nicht sehen können! Wer schon einmal versucht hat, ohne sie zu leben, weiß, dass das nicht geht. Wir zeigen den Menschen auch, wie sie selbst etwas anbauen können. Ich versuche, Samen in den Köpfen zu pflanzen und die Menschen die Früchte ernten zu lassen.

KP: **Was bedeutet es, dass 23,5 Millionen Menschen in den USA in Lebensmittelwüsten leben?**

RF: Ich nenne sie „Lebensmittelgefängnisse". Wüsten können etwas Wunderschönes sein. Bei Gefängnissen ist das anders. Die Menschen in diesen Gegenden haben keinerlei Zugang zu gesunden Lebensmitteln. Warum? Wenn die Machthaber es wollten, wäre das anders. Ich war bei einer Bürgermeisterkonferenz und habe gefragt: „Warum sind unterversorgte Viertel unterversorgt?" „Oh, wissen Sie, das ist eine schwierige Frage." Ich erwiderte: „Nein, ist es nicht. Unterversorgte Viertel sind unterversorgt, weil Sie sie nicht versorgen". Es ist ganz einfach. In manchen Gegenden braucht man nur „Avocado-Toast" zu sagen und mit den Fingern zu schnippen, und schon bekommt man einen. In anderen Vierteln erhält man nur Staub. Das ist ein Fehler im System. Wer etwas verändern will, tut es. Sich dagegen zu entscheiden, bedeutet, dass einen die betroffenen Menschen nicht interessieren.

KP: **Was ist die Lösung? Sollten wir alle unsere eigenen Lebensmittel anbauen?**

RF: Wir alle sollten zumindest einen Teil unserer Lebensmittel selbst anbauen. Alle Bewohner dieses Planeten sollten wissen, wie man Lebensmittel anbaut. Wenn gesunde Lebensmittel zugänglich sind, ist es vielleicht nicht notwendig. Andernfalls sollten aber alle wissen, wie es geht. Es ist eine Lebenskompetenz, kein Hobby.

KP: **Was ist, wenn Menschen vor dem Haus nur wenig Fläche haben?**

RF: In Schulen sage ich zu den Kindern: „Wenn du einen Balkon hast, kannst du dort Lebensmittel anbauen." Mit dem selbst gezogenen Salat bereitest du ein Essen für deinen Freund und deine Freundin zu. Baue Gemüse an und koche damit. Das wirkt sexy.

KP: **Was empfindest du, wenn du hier draußen in deinem Garten bist?**

RF: Ich finde, er sieht ziemlich unordentlich aus! Ich verstehe, was andere Leute darin sehen, auch wenn es noch nicht so ist, wie ich es mir vorstelle. Ich habe Menschen erlebt, die hierherkamen und weinten. Ich möchte gar nicht, dass er etwas Besonderes ist. Die Leute sollen vielmehr sagen: „Deine Tomaten sind noch gar nichts, schau dir meine an!"

KP: **Glaubst du, dass dieser Garten andere in der Stadt inspirieren kann, selbst einen anzulegen?**

RF: Im Laufe der Zeit sicherlich. Es wird sich wie hier einfach ergeben. Etwas Schönes zu schaffen, kostet im Grunde auch nicht mehr, als etwas Hässliches zu machen. Es geht darum, was man beabsichtigt.

KP: **Was von den Dingen, die du hier anbaust, isst du am liebsten?**

RF: Mango! Aber es gibt hier alles Mögliche. Stachelbeeren, Blutorangen, Zuckerrohr.

KP: **Was ist dein Tipp für Menschen, die selbst einen Garten anlegen möchten?**

RF: Kompostieren! Durch Kompostieren gelangen die Dinge dorthin zurück, wo sie hingehören. Den Menschen erkläre ich: „Seid wie der Wald." Was passiert, wenn im Wald ein Baum umfällt? Er wird zum Lebensraum. Dann zersetzt er sich und gibt dem Wald etwas zurück. Der Boden wird von niemandem bearbeitet. Niemand sprüht hier Pestizide. Die Natur sorgt für sich selbst. Die einzigen, die Wälder zerstören, sind Menschen. Daher sage ich, dass wir unsere Wertvorstellungen verändern müssen. Was machen wir, wenn wir Mutter Natur zerstört haben? Wer seine Mutter nicht ehrt, schätzt auch sich selbst nicht.

KP: **Spielst du den Pflanzen Musik vor?**

„Ich versuche, Samen in den Köpfen zu pflanzen und die Menschen die Früchte ernten zu lassen."

– RON FINLEY

RF: Ja, ich spiele ihnen House-Musik vor – souliges House und Afro House sowie etwas Frank Sinatra und James Brown.

KP: **Was mögen sie am liebsten?**

RF: Gegossen zu werden!

ESSEN

Ritual:
Ron Finley genießt
seinen Garten

RON FINLEY beginnt jeden Tag auf die gleiche Weise. „Ich wache auf, setze mich auf, schaue auf und stehe auf", erklärt er mit einem Lächeln. „Das ist mein Ritual. Ich blicke auf und bedanke mich für den neuen Tag." Im Hier und Jetzt zu leben ist für ihn wichtig. „Wenn mich die Menschen nach der Zukunft fragen, antworte ich: ‚Wann? In zwei Minuten?'" Mit einem erstauntem Unterton fährt Ron fort: „Welche Zukunft meinst du? Wenn wir diesen Planeten nicht retten, wird es keine Zukunft geben."

Sein Tagesablauf in seinem Garten in South Los Angeles variiert je nach Jahreszeit. Normalerweise nimmt er sich aber täglich ein wenig Zeit und seine Gartenschere, um dort Hand anzulegen, wo die Pflanzen es brauchen. „Ich schneide gern die verwelkten Blüten ab", erklärt er. „Viele Pflanzen gedeihen dadurch deutlich besser und blühen noch üppiger. Bei manchen ist es sogar die Voraussetzung, damit sie neu austreiben."

Besondere Aufmerksamkeit gilt seinem Kräutergarten, in dem bei Pflanzen wie Lavendel und Basilikum durch sorgfältiges Zurückschneiden der Lebenszyklus verlängert werden kann. „Manche Sträucher leben dadurch sehr lang", erklärt er. „Die Pflanze bildet nach dem Verwelken der Blüten Samenstände aus. Wenn du dies durch das Abschneiden der verwelkten Blüten verhinderst, bleibt der Pflanze mehr Energie für ein kräftiges Wachstum."

Den Menschen, die Ron besuchen, um etwas über das Gärtnern zu lernen, erklärt er gern, dass die meisten Pflanzen robuster und schwieriger kaputtzumachen sind, als man vielleicht denkt. „Pflanzen haben in der Regel einen enormen Überlebensdrang", sagt Ron. „Sie stecken voller Energie und Leben."

Text KEVIN E.G. PERRY
Fotos MO MFINANGA

ESSEN

Foto-Essay: Matthew Donaldson

„SPIEL NICHT MIT DEINEM ESSEN!" Das bekommen Kinder auf der ganzen Welt beim Essen zu hören. Matthew Donaldson sieht das anders. Der Fotograf experimentiert spielerisch mit seinen Motiven, indem er Unordnung und Albernheiten bewusst zulässt. Er sucht nach dem „Oops"-Moment – das kann mit einer einfachen Banane oder einer Packung Eier sein – und dem Zauber, der diesem Augenblick innewohnt. Er verleiht Farben, Texturen und Formen in seinen Fotos eine völlig neue Ausdrucksweise. Du wirst dein Essen danach vermutlich in ganz neuem Licht sehen.

ESSEN

KAMAL MOUZAWAK

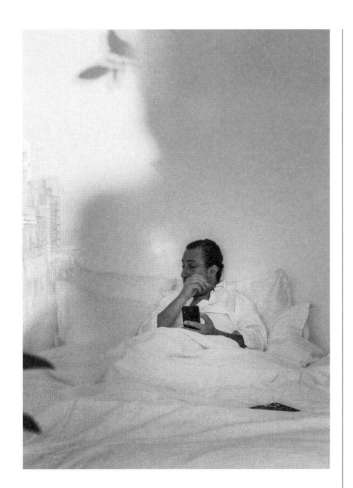

SO WIE ALLE STRASSEN nach Rom führen, gelangt man beim Erkunden der libanesischen Essenskultur unweigerlich zu Kamal Mouzawak. Es mag überraschen, dass in einer Hafenstadt wie Beirut, die einst eine Fülle von Souks und Basaren beherbergte, nach dem Bürgerkrieg keine Lebensmittelmärkte mehr zu finden waren, bis Kamal den Souk El Tayeb gründete.

Der Souk begann als Wochenmarkt für Bauern und Erzeuger und bereitete den Weg für Tawlet, ein Restaurant-Projekt, bei dem einige der besten Köch*innen des Libanon raffinierte Speisen mit der Welt teilen und dabei die lokalen kulinarischen Traditionen bewahren. Insbesondere den Frauen ermöglicht das Projekt, einen wesentlichen Beitrag zum Lebensunterhalt ihres Haushalts zu leisten.

Schon bald entstanden über die Stadt hinaus im ganzen Land neue Tawlet-Restaurants, in denen die regionale Küche gefeiert und die damit verbundene Lieferkette ausgeweitet wurde. Abgerundet hat Kamal seine Vision vom Ökotourismus mit „Beits" (Bed and Breakfast), die er im ganzen Land eröffnete. Auch hier gilt das gleiche Maß an Hingabe, Finesse und künstlerischer Einfachheit, wie bei allen Projekten von Souk El Tayeb.

Im Jahr 2012 besuchte ich Kamal das erste Mal bei ihm zu Hause. Es muss im Sommer gewesen sein, denn ich erinnere mich daran, dass es liebevoll zubereitete selbst gemachte Limonade nach alter Batrouni-Art gab. Seitdem erkenne ich die Züge von Kamal Mouzawaks Gastfreundschaft in all seinen Projekten schon von Weitem.

JG: **Du bist schon oft umgezogen. Was antwortest du, wenn Leute dich fragen, wo du lebst?**

KM: Ich lebe dort, wo ich in dem Moment gerade bin. Menschen wie du und ich, die schon an vielen Orten gelebt haben, wird immer wieder die gleiche Frage gestellt: „Hast du Beirut hinter dir gelassen? Hast du dich eingelebt?" Sich an einem Ort einzuleben bedeutet, den anderen Ort verlassen zu haben. Für mich ist es nicht wichtig, mich einzuleben. Wichtig ist, einen sicheren Ort zu haben – einen Ort, an dem ich mich umsorgt und beschützt fühlen und an den ich andere mitbringen kann. Und wir müssen uns fragen: „Was gebe ich diesem Ort?"

JG: **Du bist in letzter Zeit insbesondere in Frankreich sehr aktiv.**

KM: Ich setze mich weiter dafür ein, anderen die Traditionen des Libanon, seine Küche und seine Mentalität näherzubringen. Tawlet Paris basiert auf dem gleichen

Text JADE GEORGE
Fotos MOHAMAD ABDOUNI

Konzept wie Tawlet Beirut, mit einem Dekkene, einem Lebensmittelgeschäft mit den besten Produkten des Libanon. Bio-Bulgur, Labneh aus Ziegen-, Kuh- und Schafsmilch von der besten Käserei in Paris, La Fromagerie de Paris... Dies ist die wahre Botschaft des Libanon.

JG: Wie hat sich deine Arbeit im Libanon nach der Explosion vom 4. August 2020 verändert?

KM: Der Libanon hat sich extrem verändert ... die Explosion, COVID-19, wirtschaftliche und politische Krisen. Aber Veränderungen passieren jeden Tag auf der ganzen Welt. Alle müssen Veränderungen anerkennen, akzeptieren und entsprechend handeln. Für uns bedeutete es, alle unsere Filialen zu schließen. Wir mussten uns um die Notfälle kümmern.

Wir haben Matbakh El Kell eingerichtet, eine Gemeinschaftsküche, in der täglich rund 2.000 Mahlzeiten ausgegeben werden. Wir haben alle unsere Standorte in der Nähe des Ground Zero der Explosion unter einem Dach zusammengebracht – alle unsere Märkte, Büros, Tawlet, Dekkene und Matbakh El Kell. Wir sind wie eine große Familie, ein sicherer Treffpunkt. Sichere Orte fehlen in diesem Land.

JG: Ihr seid auch selbst alle umgezogen. Warum wohnst du immer nah bei deiner Arbeit?

KM: Ich finde Pendeln schrecklich. Für mich ist es eine Verschwendung von Zeit, Energie und fossilen Brennstoffen. Ich mag Verschwendung generell nicht. Wenn ich ein Projekt habe, versuche ich, dort zu leben. Ich wohne direkt gegenüber, mit Blick auf das neue Projektgebäude. Ich mag es, immer wieder woanders zu wohnen und vor allem nicht pendeln zu müssen. Aktuell verbringe ich meine Zeit in Beit Douma oder in dieser Wohnung. Ich liebe diese Wohnung!

JG: Wie alle Gebäude in Hafennähe war auch die Wohnung hier erheblich zerstört. Erzähle uns von ihrer Instandsetzung.

KM: Die Wohnung ist etwa 80 Quadratmeter groß. Beim Betreten schaust du direkt auf eine vier Meter lange Wand. Dort habe ich ein Bücherregal aus filigranen Stahlelementen und Bondi-Holz installiert. Als der Wiederaufbau der Stadt begann, verschenkten Bauunternehmer Materialien von ihren Baustellen, die übrig waren. Wir haben diese dicken Holzbretter bekommen, die ursprünglich für Gerüste verwendet wurden.

Hinter meiner Bibliothek befindet sich mein Schlafzimmer. Es ist leer. Es ist komplett weiß. Darin stehen mein Bett, ein Original-Loungesessel von Charlotte Perriand und zwei riesige Pflanzen, ein Philodendron und eine Colocasia [Elefantenohr]. Außerdem kann ich von hier aus das Meer sehen. Wenn ich mein Schlafzimmer betrete, wandert mein Blick automatisch dorthin.

An den Wänden hängt nur ein einziges Bild, 2004 von Franck Christen in Horsh Beirut aufgenommen. Es war der erste Tag des späteren Souk El Tayeb. Für mich hat es einen enormen symbolischen Wert.

JG: Diese Küche kenne ich noch aus deinen vorherigen Wohnungen...

KM: Ja. Sie passt perfekt! Ich mag es, Dinge an einen neuen Ort mitzunehmen. Anstelle einer Einbauküche bevorzuge ich Elemente, die ich je nach Bedarf zusammenstellen kann.

JG: Welche Bedeutung hat für dich Design?

KM: Als Jugendlicher waren mir Design und Mode wichtig. Damals dachte ich, ich bräuchte diese Dinge, um mich zu definieren. Heute weiß ich, dass alles Wichtige in mir selbst ist. Heute umgebe ich mich mit dem Notwendigen. Ich liebe das Bauhaus, weil es durch und durch funktional ist. Gegenstände müssen funktional, langlebig und schön sein. Das bedeutet für mich Design.

JG: Woher stammt dein Interesse an Lebensmitteln?

KM: Meine Onkel und mein Großvater väterlicherseits waren alle Bauern. Mein Großvater mütterlicherseits war Schuhmacher und besaß bewirtschaftetes Land. Als Kinder gingen wir jeden Oktober mit ihm Äpfel pflücken. Die Frauen der Familie waren extrem fürsorglich und liebevoll und übertrafen sich gegenseitig beim Kochen. Das hat mir schon immer viel bedeutet.

Essen ist der aufrichtigste Ausdruck dessen, wer wir sind. Du könntest nur mit einer Landkarte von Kibbe im Libanon die religiöse, geografische und botanische Geschichte des Landes darstellen. Kibbe Nayé aus Zgharta ist beispielsweise fast nur mit weißem Pfeffer gewürzt, während es im Süden des Libanon einen ganzen Kräutergarten enthält. Wirf einen Blick auf die Menschen. Im Norden mit den felsigen Bergen ist die Bevölkerung sehr zäh, während die Menschen im Süden mit den geschwungenen Hügeln weich und sanft sind. Essen ist eine wichtige gemeinsame Grundlage. Es überwindet Grenzen und Missverständnisse.

„Essen ist eine wichtige gemeinsame Grundlage. Es überwindet Grenzen und Missverständnisse."

— KAMAL MOUZAWAK

JG: Was machst du in deiner Freizeit gern?

KM: Am liebsten gar nichts. Ich liebe meine Siestas und lese gern. Ich muss nicht immer etwas tun, vor allem schreibe ich keine To-do-Listen mehr.

JG: Was hast du unterwegs immer dabei?

KM: Mein Handy [lacht]. Ich reise nur mit Handgepäck. Wir überfrachten unser Leben mit Dingen. Daher sind auch unsere Emotionen überfrachtet. Ich bin definitiv kein Zen-Mönch. Aber ich versuche, mein Leben so gut es geht zu entrümpeln. Wenn ich bei Freunden zu Besuch bin, räume ich ihre Küchenarbeitsplatte auf.

JG: Nimmst du vertraute Dinge mit?

KM: Überhaupt nicht. Ein neuer Ort ist wie eine weiße Leinwand. Genieß ihn und hab keine Angst davor. Wichtig bei all unserem Tun ist, mit ganzem Herzen dabei zu sein. Das ist unser Beitrag zum Leben. Danach lebe ich.

AUSZEIT

AUSZEITEN SIND WICHTIG, sowohl für unsere eigene Gesundheit als auch für die des Planeten. In einer modernen, leistungsorientierten Gesellschaft, in der wir ständig gefordert sind – sei es durch unsere Arbeit, unsere Familie oder unsere Geräte, die uns permanent mit Informationen überfluten – ist es nahezu revolutionär, Raum für Entspannung und Erholung zu schaffen.

Jüngste Studien haben ergeben, dass sich Auszeiten sogar in sieben verschiedene Arten unterteilen lassen, wie etwa körperliche, geistige, kreative und emotionale Erholungsphasen. Unser Zuhause sollte nicht nur ein Ort der Aktivität sein – geprägt durch Kochen, Freizeitaktivitäten, Arbeiten und Sauberhalten –, sondern auch ein Zufluchtsort. Ein Ort, an dem wir den Sinnesreizen und den Anstrengungen des Alltags entfliehen können. Für die einen kann es ein Ort sein, an dem sie sich zurücklehnen und Musik hören, während andere sich bei kreativen Tätigkeiten in einen meditativen Zustand versetzen. Vielleicht geht es auch nur darum, die Gesellschaft von Freund*innen zu genießen.

Die Möbelikonen in diesem Kapitel nähern sich dieser Idee aus drei sehr unterschiedlichen Richtungen. Wir betrachten einen schlichten, von Hand gefertigten Schaukelstuhl aus nachwachsenden Rohstoffen, der eine der beruhigendsten Bewegungen nachahmt, die wir kennen. Des Weiteren werfen wir einen Blick auf eine technische Innovation, die die beruhigende Wirkung von Licht und Klang vereint und von der wohltuenden Faszination eines prasselnden offenen Feuers inspiriert wurde. Außerdem erinnern wir uns an die minimalistischen, modernistischen Designlegenden, durch die sich IKEA in den 1990er Jahren wieder mit seinen skandinavischen Wurzeln verbunden hat, über den Archetyp des Nichtstuns: das Bett.

Für eine Sportlerin kann Auszeit eine Herausforderung sein. Die in New York lebende Künstlerin, Designerin und Skateboarderin Alexis Sablone gesteht, dass ihr Ruhe nicht leicht fällt. Ihre Leidenschaft für das Skateboarden, das einst als Hobby begann, brachte sie sogar zu den Olympischen Spielen nach Tokio. Mit Kunst und Design hingegen verdient sie seit Langem ihren Lebensunterhalt. Bei einem persönlichen Besuch in ihrem Zuhause in Brooklyn, das von einem kreativen Chaos geprägt ist, erzählt sie aus ihrem Leben.

Für die Familie Rodriguez-Martin ist Auszeit eng damit verbunden, wie wir die Ressourcen der Erde nutzen. Wir haben sie in ihrem herrlichen, ruhigen Heim in Guadalajara, Mexiko, besucht, um herauszufinden, wie sich innovative Öko-Technologien wie etwa Sonnenkollektoren und Wasserfilter mit traditionellen Materialien wie Lehmziegeln, Kompost und Sägemehl vereinen lassen, um ein Zuhause zu schaffen, das nicht nur die Umwelt schont, sondern auch für das Auge gefällig ist.

Schließlich berichten wir von der Künstlerin und Fotografin Brigitte Niedermair, die für Auszeiten – wie wir alle – den Blick in die Natur schweifen lässt. Das Fenster ihres Ateliers im italienischen Meran bietet eine herrliche Sicht auf die sich ständig verändernde Waldlandschaft. Diesen Anblick fängt sie im Wechsel der Jahreszeiten mit einem liebevollen Sinn für Details ein. Die daraus resultierende Fotoreihe, aus der wir eine kleine Auswahl zeigen, ist eine poetische, kraftvolle Hommage an die 1826 weltweit erste erfolgreich aufgenommene und erhaltene Fotografie *Blick aus dem Arbeitszimmer von Le Gras* des französischen Erfinders Joseph Nicéphore Niépce.

AUSZEIT

IKEA PS GULLHOLMEN

SYMFONISK

BJÖRKVALLA

Design: Maria Vinka, 2002

IKEA PS GULLHOLMEN Manche Designs haben von Natur aus eine beruhigende Wirkung. Tatsächlich haben Studien gezeigt, dass die Pendelbewegung eines Schaukelstuhls Endorphine im Gehirn freisetzt, die die Stimmung verbessern, Stress reduzieren und Schmerzen lindern können. Maria Vinka, die Designerin hinter dem zierlichen aber bahnbrechenden Schaukelstuhl IKEA PS GULLHOLMEN, empfand sie auch als Mittel gegen ihre eigene innere Unruhe wohltuend.

Der IKEA PS GULLHOLMEN war Teil der dritten PS-Serie von IKEA, die 2002 auf den Markt kam und deren Möbel sich für drinnen als auch draußen eigneten. Um einen Sitzplatz für jene zu entwickeln, denen das Stillsitzen schwerfällt, und der auch in ihre kleine Zwei-Zimmer-Wohnung passt, entwarf Maria einen modernen und möglichst platzsparenden Schaukelstuhl.

Sie reduzierte den Stuhl dazu auf seine wesentlichen Bestandteile – eine sanft geschwungene Sitzfläche und eine erstaunlich schmale Rückenlehne, die dem Griff eines *Kåsa* nachempfunden ist (dem traditionellen Trinkbecher des indigenen finno-ugrischen Volks der Sámi, der zur Befestigung an einem Gürtel ein Loch in seinem gebogenen Stiel hat).

Der Stuhl besteht aus gewebten Bananenstaudenfasern, was damals eine revolutionäre Materialwahl darstellte. Maria hatte die natürliche, biologisch abbaubare Faser aus dem Stamm des Bananenbaums zuvor auf einer früheren Reise nach Vietnam kennengelernt. Dass die haltbaren Stämme früher nach der Bananenernte verbrannt wurden, machte das Material zu einer nachhaltigen und kostengünstigen Option.

Darüber hinaus verbreitet das geflochtene Material mit seinen unterschiedlichen warmen Brauntönen die gleiche wohlige Atmosphäre wie Korbwaren. Für Maria war dies das perfekte Mittel, um ihrem Design ein Gefühl von ländlichem Idyll zu verleihen, das sowohl für das Auge als auch – bei Benutzung – für Körper und Geist eine angenehm beruhigende Wirkung hat.

Design: Andreas Fredriksson und Iina Vuorivirta, 2019

SYMFONISK Wenn es darum geht, zu Hause eine erholsamere Umgebung zu schaffen, spielen Licht und Klang oftmals eine fundamentale Rolle. Doch sowohl Lampen als auch Lautsprecher nehmen Platz ein und erhöhen das Kabelgewirr moderner Haushalte.

Daher hat IKEA zusammen mit Sonos, dem Pionier für drahtlose Soundtechnologie, die SYMFONISK Tischleuchte mit integriertem WLAN-Lautsprecher entwickelt. Ähnlich dem warmen Licht und dem beruhigenden Knistern eines Kaminfeuers wollten die beiden Teams ein einziges Produkt entwickeln, das die beruhigende Wirkung von angenehmem Licht und Klang vereint.

Die Designer*innen Andreas Fredriksson und Iina Vuorivirta verliehen der Leuchte eine organische Form, bestehend aus einem mundgeblasenen Schirm aus Milchglas, der auf einem schlankeren, aber ähnlich geformten Sockel mit dem Lautsprecher thront. Ein grob gewebter Textilbezug in Schwarz oder Weiß dient gleichzeitig als Lautsprechertuch, während der geschwungene Sockel an sich die skulpturhafte Wirkung der Leuchte verstärkt.

Um erstklassigen Klang vielen Menschen verfügbar zu machen, ist der Lautsprecher wie alle in IKEA-Produkte integrierten Sonos-Lautsprecher mit beliebigen Produkten von Sonos kombinierbar, um ein echtes Stereo-Sounderlebnis zu erzeugen. Hierzu zählen auch die beiden anderen Mitglieder der SYMFONISK Familie: die gleichermaßen clever und unauffällig als Regal oder Bild getarnten Lautsprecher.

Design: Ehlén Johansson, 1994

BJÖRKVALLA Den experimentellen Designtrends der 1980er Jahre folgte eine Zeit des Minimalismus. IKEA nutzte die Chance und wandte sich in den 1990er Jahren wieder seinen schwedischen Wurzeln zu.

Die seit vielen Jahren mit IKEA zusammenarbeitende Designerin Ehlén Johansson wurde Anfang der 1990er Jahre gebeten, eine Reihe hochwertiger, aber dennoch erschwinglicher Schlafzimmermöbel in „modernem skandinavischem Design" für IKEA zu entwickeln.

Ernüchtert durch die damals dominierenden Möbel aus gebeizter Buche und naturbelassener Kiefer schlug sie eine Serie in heller Birke vor. Das blassgoldene Holz mit seinen starken skandinavischen Wurzeln wurde als optimal erachtet.

Folglich kam 1994 die Schlafzimmerserie BJÖRKVALLA auf den Markt, die sich durch praktische Funktionalität und elegante Schlichtheit auszeichnete und gleichzeitig etwas Natürliches und angenehm Beruhigendes ausstrahlte. Die Serie – bestehend aus einem Bett, einem Beistelltisch und einer Kommode – spiegelte damit die für das traditionelle schwedische Design typische Ganzheitlichkeit und Geradlinigkeit wider, war aber in ihrer Form dennoch ausgesprochen modern.

Das beliebteste BJÖRKVALLA Möbel war das Doppelbett mit dem Birkenrahmen und den grazilen Beinen. Das Besondere an dem Bett war das verstellbare Kopfteil, das aus einem rechteckigen Holzrahmen und einer Webbespannung aus breiten, ungebleichten Baumwollbändern bestand. Das Kopfteil konnte in verschiedenen Winkeln von vertikal bis horizontal positioniert werden, je nachdem, ob man im Bett lesen, sich ausruhen oder schlafen wollte.

AUSZEIT

ALEXIS

SABOLONE

Text BRIANNA HOLT
Fotos ARI MARCOPOULOS

WER DEN NAMEN Alexis Sablone hört, denkt vielleicht an die professionelle Skateboarderin, die 2020 das US-Team bei den Olympischen Spielen in Tokio vertrat. Die anderen Skater*innen sehen sie möglicherweise als Pionierin unter den Skateboarderinnen, die 2002 in P.J. Ladds Video *Wonderful, Horrible, Life* eine beispiellose Darbietung gab. Kunstfreund*innen schätzen sie vielleicht als phänomenale bildende Künstlerin und Architektin. Alexis ist der lebende Beweis dafür, dass Menschen komplex und multidimensional sein und in verschiedenen Bereichen Höchstleistungen erbringen können. Sie hat nicht nur einen Master-Abschluss am MIT gemacht – was bereits an sich eine Meisterleistung ist und was man bei einer der weltbesten Skateboarderinnen vielleicht nicht vermuten würde –, sondern auch Schuhe mit dem US-amerikanischen Sportartikelhersteller Converse entworfen sowie eine skatebare Skulptur in Malmö (Schweden) entwickelt.

Wir haben sie in ihrem Atelier im Industriegebiet von Brooklyn besucht, wo sie uns von ihrem kreativen Schaffen erzählte. Überall in dem hellen und wohltuend unordentlichen Raum sind Skizzen und unvollendete Skulpturen zu sehen. Auch werden verschiedene Gegenstände zweckentfremdet: Große Holzblöcke dienen beispielsweise als Sitzgelegenheiten. Hier sind Parallelen zum Skateboarden erkennbar, wo ein Treppengeländer der perfekte Skatespot sein kann. Alexis findet sowohl als Skateboarderin als auch als Architektin vielseitige Verwendungsmöglichkeiten für Gegenstände und verbindet dadurch auf harmonische Weise ihre beiden Leidenschaften – während sie gleichzeitig Möglichkeiten für mehr Nachhaltigkeit aufzeigt.

BH: Wo sind in deinem Leben die Schnittstellen zwischen Kunst, Architektur und Skateboarden?

AS: Skateboarder*innen, Designer*innen und Architekt*innen betrachten ihre Umgebung sehr detailliert. Ihnen fallen ähnliche Dinge auf, die andere gar nicht bemerken. Skateboarder*innen suchen immer nach einer Möglichkeit, ihre Umgebung kreativ auf eine Art zu nutzen, für die sie gar nicht gedacht ist. Die meisten Menschen erachten den Zweck von Gegenständen als vorgegeben – Bänke dienen zum Sitzen, Treppen zum Besteigen und Wege zum Gehen.

Ich denke, Skateboarder*innen überlegen bei allem, wie sie es als Hindernis nutzen könnten. Ähnlich diesem für Skateboarder*innen völlig natürlichen Prozess betrachten auch Designer*innen einen bestehenden, vielleicht auch leeren Raum und versuchen, sich darin etwas Neues vorzustellen. Für mich haben Skateboarden und Design einen identischen Denkansatz. Die sich schrittweise wiederholende Art des

Designens und des Skateboardens – diese irgendwie obsessive Eigenschaft – verbindet beides.

BH: **Das Skateboarden hat deine Sichtweise von öffentlichen Bereichen derart beeinflusst, dass du** *Lady in the Square* **entworfen hast, eine skatebare Skulptur für einen öffentlichen Platz im schwedischen Malmö. Wie spiegelt dieses Projekt deine Vision wider?**

AS: Malmö ist ein wirklich einzigartiger Ort. Obwohl es eine relativ kleine Stadt ist, gibt es dort eine lebendige Skateboardszene. Die Menschen in Malmö scheinen ziemlich aufgeschlossen zu sein und eine Chance in der Art und Weise zu sehen, wie Skateboarder*innen den Raum um sie herum nutzen und schätzen. Das ist für Städte eher ungewöhnlich.

Ein Skateboardprojekt von der Designseite her anzugehen, eröffnet etwas vollkommen Neues – man schafft etwas, das schön ist und gleichzeitig speziell zum Skateboarden genutzt werden darf. Die Skulptur ist für Skateboarder*innen interessant, aber für Nicht-Skateboarder*innen nicht sofort als Skateboard-Rampe erkennbar. Dies lässt nicht nur Raum für Interpretation, sondern auch für Spiel und Vorstellungskraft – man kann sich auch auf die Skulptur setzen oder auf sie klettern.

BH: **Du bist offizielles Mitglied des US-Skateboardteams für die Olympischen Spiele 2020 in Tokio – das erste Mal in der Geschichte, dass Skateboarden olympisch ist. Was findest du daran am spannendsten?**

AS: Skateboarden war bisher keine olympische Disziplin. Als Erste an etwas Neuem teilzuhaben, finde ich enorm spannend. Ich bin neugierig darauf, die anderen Athlet*innen zu sehen, die zu den Besten ihrer Sportart gehören und ihr ganzes Leben auf dieses Ereignis hintrainiert haben. Als ich mit dem Skateboarden anfing, dachte ich im Traum nicht daran, eine Olympionikin zu werden. Ich betrachte es einfach als große Ehre.

Der optimistische Teil von mir hofft, dass es dem Skateboarden eine positive neue Art von Aufmerksamkeit

und Respekt bringt. Ich hoffe, dass die Menschen dadurch erkennen, dass Skateboarder*innen genauso entschlossen und engagiert wie andere Sportler*innen auf ein Ziel hinarbeiten – und nicht nur ein Stück Holz mit sich herumschleppen.

BH: Welche Rolle spielen Nachhaltigkeit und ein verantwortungsbewusstes Leben in der Skateboardszene?

AS: Beim Skateboarden entsteht schnell eine Gemeinschaft. Es kann sein, dass du andere Skateboarder*innen triffst und daraus innerhalb weniger Stunden eine Freundschaft entsteht, weil alle etwas gemeinsam haben, das ihnen wichtig ist. Daraus kann eine starke physische Gemeinschaft entstehen. Abgesehen davon, dass Skateboarden nur im Freien möglich ist, wird das Miteinander für ein verantwortungsbewussteres Leben meiner Meinung nach immer wichtiger. Die Gemeinschaft und die Freundschaften, die ich durch das Skateboarden geschlossen habe, bestehen fast alle noch immer.

Skateboarden zwingt dich auch, dich zu fokussieren. Dahinter steckt eine Struktur – obgleich es scheinbar keine Regeln gibt und alles sehr offen ist. Aber du kannst keine Schritte überspringen. Um bestimmte Tricks zu lernen, musst du dir zuvor die Grundlagen aneignen. Es gibt keinerlei sofortige Befriedigung. Die Arbeit und die Zeit, die du investierst, verändern dich auf positive Weise. Du wächst daran. Das Scheitern und die Wiederholung schaffen diese schnelle Verbindung mit anderen Skateboarder*innen, weil nur sie verstehen, wie schwierig es ist und was du durchmachst. Es ist eine sehr starke Kultur.

BH: Wie gönnst du deinem Körper und deinem Geist eine Auszeit?

AS: Es fällt mir wirklich schwer, meine Gedanken abzuschalten und nicht über ein Designprojekt oder das Skateboarden nachzudenken. Selbst wenn ich zum Yoga gehe und mich auf meinen Atem konzentrieren soll, denke ich: „Oh, während ich hier sitze, kann ich gut über meine Projekte nachdenken." Bücher und Filme helfen mir, mich zu entspannen, indem ich in das Leben anderer eintauche und dadurch weniger über mein eigenes nachdenke.

„Skateboarder*innen suchen immer nach einer Möglichkeit, ihre Umgebung kreativ auf eine Art zu nutzen, für die sie gar nicht gedacht ist."

– ALEXIS SABLONE

Ich war gleich zu Beginn der Pandemie, noch vor dem Lockdown, an COVID-19 erkrankt. Ich hatte Fieber und mir war so kalt, dass ich anfing zu baden. Nachdem ich jetzt mit meiner Freundin zusammenlebe und das Badezimmer nicht mehr mit mehreren anderen Mitbewohner*innen teilen muss, mache ich das wirklich gern. Im Winter nehme ich jeden Tag ein warmes Bad und lasse zur Entspannung ein Hörbuch laufen.

AUSZEIT

Ritual:
Alexis Sablone genießt jeden Morgen ihren Kaffee

ALEXIS SABLONE beginnt wie viele andere New Yorker ihren Morgen mit Kaffee – den sie selbst zubereitet. Ihr Zubehör ist einfach: Sie verwendet einen Espressokocher, eine rote Teekanne für Heißwasser und für zusätzlichen Geschmack die in den USA typische Half-and-Half-Milch (halb Sahne, halb Vollmilch). Was den Kaffee anbelangt, haben Alexis und ihre Freundin während der Pandemie ein Kaffee-Abonnement abgeschlossen, das sie auch weiterhin nutzen wollen. „Es ist wirklich praktisch", erklärt sie. „Man bekommt jeden Monat eine andere Kaffeesorte, sodass ich immer wieder etwas Neues kennenlerne."

Trotz der Einfachheit hat Alexis bestimmte Regeln für ihr morgendliches Kaffeeritual: Sie trinkt ihren Kaffee heiß, ohne Eis, und aus ihrer Lieblingstasse. „Was Kaffee anbelangt, bin ich ziemlich stur. Ich mag kalten Kaffee nicht, selbst wenn es im Sommer draußen richtig heiß ist", erklärt sie. Ihre Lieblingstasse hat ihre Freundin, die hauptberuflich Keramikerin ist, speziell für sie angefertigt. „Wenn ich eine normal große Tasse verwende, trinke ich den Kaffee nicht mal zur Hälfte, was meine Freundin wahnsinnig macht. Daher hat sie mir eine kleinere Variante einer der Tassen gemacht, die sie sonst herstellt."

Für Alexis ist ihr morgendlicher Kaffee wichtig – aber nicht, weil sie sich sonst den ganzen Tag über unwohl fühlt oder Schwierigkeiten hat, überhaupt wach zu bleiben. „Er hilft mir, aus dem Bett zu kommen. Das hat aber vielleicht weniger mit dem Koffein zu tun als damit, dass ich mich jeden Morgen auf den Geschmack freue", erklärt sie. Laut eigenen Angaben hat sie während des Studiums eine Koffeintoleranz entwickelt und kann heute direkt vor dem Schlafengehen einen Espresso trinken und trotzdem sofort einschlafen. „Für mich ist wirklich nur das Ritual wichtig. Es ist eine der wenigen Konstanten meines Tages."

Text **BRIANNA HOLT**
Fotos **ARI MARCOPOULOS**

AUSZEIT

Foto-Essay: Brigitte Niedermair

ROUTINEN HABEN ETWAS zutiefst Beruhigendes. Durch das Fenster ihres Ateliers in Meran erlebt Brigitte Niedermair eine sich ständig verändernde Waldlandschaft – ein Anblick, der zutiefst erholsam und zugleich von Lebendigkeit erfüllt ist. Diese Veränderung, die auch ihr Inneres verändert, hält die Künstlerin regelmäßig mit ihrem Handy fest – als Abwechslung zu ihrer 4x5-Zoll-Großformatkamera, die sie sonst für ihre Arbeit verwendet. Es ist eine passende Hommage an die Fotografie *Blick aus dem Arbeitszimmer von Le Gras* des französischen Erfinders Joseph Nicéphore Niépce aus dem Jahr 1826. Für Brigitte ist die Natur sowohl ein wohltuendes Tonikum als auch eine Hommage.

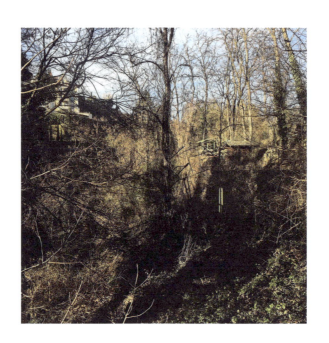

AUSZEIT

FAMILIE

RODRIGUEZ-MARTIN

DAS ÜBERWIEGEND AUS Lehmziegeln, Lehm, gestampfter Erde und Holz gebaute Haus von Gabriela Martin und Mauricio (Maiz) Rodriguez liegt auf einem bescheidenen Grundstück, das einst Teil eines landwirtschaftlichen Anwesens am nordwestlichen Stadtrand von Guadalajara in Mexiko war.

Das Paar hatte *El Nido de Tierra*, zu Deutsch „Das Erdnest", zunächst für sich selbst gebaut und im Lauf der Jahre erweitert, als ihre beiden Söhne, der heute 7-jährige Pablo und der 13-jährige Samuel, zur Welt kamen. Im Haus herrscht eine warme und behagliche Atmosphäre, die unter anderem durch den großen zentralen Hauptraum entsteht: Die großen Schiebetüren aus Glas schaffen einen nahezu nahtlosen Übergang vom Wohn-Essbereich zum Garten.

Neben seinem ästhetischen Charme tragen verschiedene subtile, aber wirkungsvolle ökologische Technologien zu der guten CO_2-Bilanz des Hauses bei. In Kompostieranlagen werden Speisereste und der Inhalt der Trockentoilette der Familie in Dünger umgewandelt. Ein Solarmodul erwärmt das Wasser, das nach Gebrauch auf natürliche Weise durch unterirdische Kammern gefiltert und zur Gartenbewässerung genutzt wird.

Das Paar lernte sich an der Universität kennen, wo sie beide begeisterte Radfahrer*innen waren und sich in lokalen Umweltgruppen engagierten. Als Architekturstudent verbrachte Maiz ein prägendes Jahr in einer Wixárika-Gemeinde in der trockenen nördlichen Sierra von Jalisco, wo Gabriela ihn oft besuchte. Diese Erfahrung hat sie beide stark beeinflusst. Laut eigenen Aussagen hat diese Zeit dazu beigetragen, dass sie ihre Lebensweise umgestaltet und ihr erstes kleines Haus gebaut haben.

EC: Was hat dich zu den Wixárika gebracht?

GM: Maiz hat in der dortigen Dorfschule eine Trockentoilette gebaut, um kein Wasser zu vergeuden. In dieser Gegend ist es wirklich sehr trocken. Dort wächst weder Obst noch Gemüse und es gibt kein Wasser. Die Menschen tragen das Wasser von der Wasserstelle in Eimern zu sich nach Hause.

MR: Gaby hat mich dort regelmäßig besucht, und wir haben in sehr einfachen Verhältnissen gewohnt. Damals wurde mir bewusst, dass man auch anders leben kann.

GM: Aber wir waren ein junges Pärchen. Wir hatten weder ein Haus noch sonst irgendetwas.

Text EMMA CAPPS
Fotos PIA RIVEROLA

EC: **Wie kam es zum Bau eures ersten Hauses?**

GM: Die Familie von Maiz hatte ein landwirtschaftliches Anwesen in Penjamillo. Sein Vater hat uns ein Stück Land davon geschenkt. Daraus wollten wir etwas machen. Ich schlug vor, dass wir eine Trockentoilette bauen. Meine Freunde lachten gern über mich und sagten, dass ich statt eines Verlobungsrings eine Toilette von Maiz bekommen habe, weil es das Erste war, was wir zusammen gebaut haben. Danach haben wir ein kleines Haus mit einem Zimmer für uns gebaut.

Es ist in der Tat eine lustige Geschichte. Wir hatten gerade geheiratet und waren von unseren Vorstellungen von Nachhaltigkeit und unserer Liebe zueinander so begeistert, dass wir mit unserem kleinen Raum und der Trockentoilette glücklich waren.

Aber es war schwierig, Arbeit in der dortigen Stadt zu finden. Ich unterrichtete Englisch an der örtlichen Highschool, aber für Maiz gab es nicht viel zu tun. Ein Jahr später bekam er eine Stelle in einem Architekturbüro in Guadalajara angeboten, sodass wir umzogen.

EC: **Es klingt, als ob ihr euch schon als junges Paar sehr einig wart, wie nachhaltiges Leben aussehen sollte.**

MR: Es war schon immer so, dass wir uns gegenseitig von unseren Ideen und Gedanken erzählten und den anderen vollkommen verstanden.

GM: Das war faszinierend, denn wir studierten unterschiedliche Dinge und stammen aus unterschiedlichen Verhältnissen. Trotzdem wollten wir beide unser Leben auf ähnliche Weise anders führen. Da wir ständig gegen den Strom schwammen, war es wirklich toll, dass wir beide stets einer Meinung waren.

EC: **Wie seid ihr den Bau dieses Hauses angegangen?**

GM: Wir waren uns immer einig, dass wir keinen Kredit aufnehmen wollten. Als wir ein wenig Geld gespart hatten, bauten wir den ersten Teil und dann über viele weitere Jahre hinweg den Rest. Da Maiz Architekt ist, konnten wir vieles selbst machen. Zu Beginn hatten wir nur ein Badezimmer, ein Zimmer zum Wohnen und eine Kühlbox für unser Essen.

EC: **Und ihr habt fast ausschließlich mit natürlichen Materialien gebaut, womit eure Bauunternehmer vermutlich nicht sehr vertraut waren?**

MR: Das Spannende daran ist, dass die Bauleute immer sagen: „Das funktioniert nicht." Wenn sie dann aber sehen, was daraus Tolles entsteht und dass sie keine teuren Materialien zu kaufen brauchen, sind sie davon begeistert. Somit kommt es zu einem Paradigmenwechsel.

EC: **Ist euer Zuhause jetzt fertig oder habt ihr noch weitere Pläne?**

GM: Was wir unbedingt noch machen möchten, ist, unser eigenes Obst und Gemüse anzubauen. Dazu fehlen uns aber die Fähigkeiten und die Zeit. Unsere Dächer sind so gebaut, dass wir damit Regenwasser auffangen können, doch wir haben es noch nicht geschafft, das einzurichten. Es gibt also Dinge, die noch nicht fertig sind, was uns manchmal frustriert. Aber dann sagen wir uns, dass das alles schon noch wird.

EC: **Warum ist eine nachhaltige Lebensweise für euch wichtig?**

GM: Wir wollten schon immer nach unseren Überzeugungen leben. Es reicht uns nicht, zu sagen, dass der Planet gerettet werden muss, aber dann selbst nichts zu tun. Das wäre für uns nicht authentisch.

MR: Und wenn wir etwas tun können, werden wir es tun. Das ist keine radikale Haltung.

GM: Auch für die Kinder fanden wir es schön, ihnen eine andere und bewusstere Lebensweise beizubringen.

EC: **Für sie ist es also von Beginn an Teil ihres Lebens.**

GM: Genau. Ich weiß noch, als Pablo zum ersten Mal eine normale Toilette im Haus meiner Eltern sah und meinte: „Mama, sie schütten sauberes Wasser in die Toilette." Er empfand das als reine Verschwendung und konnte es überhaupt nicht verstehen.

EC: **Euer Ansatz wirkt bemerkenswert pragmatisch und optimistisch.**

GM: Wir haben uns immer Gedanken um den Klimawandel gemacht, wollten uns aber nicht ständig nur auf all das Schlechte konzentrieren, das auf der Welt passiert.

„Wir wollten uns nicht ständig nur auf all das Schlechte konzentrieren, das auf der Welt passiert. Stattdessen haben wir überlegt, was wir tun können."

— GABRIELA MARTIN

Stattdessen haben wir überlegt, was wir tun können. Natürlich haben auch wir Idealvorstellungen, aber nicht alles ist machbar. Wir wollen einfach so gut es geht einen Beitrag leisten.

SPIELEN

SPIELEN IST ETWAS ganz Besonderes. Wir spielen Spiele, Instrumente, Sportarten wie Tennis oder Basketball und entdecken als Kinder spielerisch die Welt. Beim Spielen schaffen wir Verbindungen und Dinge, schöpfen Energie, entfliehen dem Alltag und erkunden Neues. Aus dem Spiel entstehen Ideen, die zu Experimenten und mit ausreichend Spielraum für Fehler schnell zu Innovationen werden können. Ohne Innovationen würde jegliche Hoffnung auf eine nachhaltigere Zukunft sofort zunichtegemacht.

Die jungen Menschen von heute werden eine Welt erben, die sich stark von der unterscheidet, in der wir groß geworden sind – eine mit ihren ganz eigenen „kniffligen Herausforderungen". Unsere Aufgabe besteht heute darin, nicht nur alles in unserer Macht Stehende zu tun, um die natürlichen Ressourcen der Erde zu schonen, sondern auch die nächste Generation mit allen Werkzeugen auszustatten, die sie dafür möglicherweise benötigen. Dem Spielen kommt hierbei eine wichtige Bedeutung zu.

Bei IKEA standen Kinder schon immer im Mittelpunkt. In den späten 1990er Jahren führte das Unternehmen eine neue Serie sicherer Spielzeuge, Möbel und anderer Artikel für Kinder ein, die auf einer eingehenden Erforschung der Entwicklung von Kindern basierten. Die Serie war ein riesiger Erfolg und das Sprungbrett für zwei der Möbelikonen in diesem Kapitel: eine preiswerte faltbare Gymnastikmatte, auf der sich Purzelbäume schlagen lassen und die zur Festung umfunktioniert werden kann, sowie eine kleine Spielküche, die vom Designer der großen Version entworfen wurde, einschließlich realistischer Nachahmung von Spüle, Backofen und Mikrowelle und sogar eines beleuchteten Kochfelds. Schließlich erzählen wir die Entstehungsgeschichte eines strapazierfähigen Sofas mit einem einfach abzunehmenden und waschbaren Bezug. Die robuste Möbelikone eignet sich hervorragend zum Spielen.

Ungeachtet unseres Alters fördert Spielen unsere Kreativität. Für Jean-Charles Leuvrey hat dies schon immer bedeutet, seiner Leidenschaft zu folgen. Er gründete 2016 den unabhängigen Radiosender Hotel Radio Paris als Plattform für Musiker*innen, DJs, Produzent*innen und Spoken-Word-Künstler*innen, um die unabhängige Musikkultur der Stadt zu fördern. Das Spielen führt ihn jedoch auch in Wälder, auf Berge und auf Wanderungen, wobei er die Verbindung zur Natur nutzt, um immer wieder zu sich selbst zu finden. Vor kurzem ist er auf einen Frachtkahn vor den Toren der französischen Hauptstadt gezogen, wo er sich oft beim Angeln eine Auszeit gönnt. Wir haben ihn dort besucht.

Als Künstlerin, die leuchtende Farben, flauschige Texturen und große, kühne Ideen liebt, sind Misaki Kawais Werke seit Langem gleichbedeutend mit Lebensfreude. Extrem wichtig ist für sie aber auch ihr Leben zu Hause – wo auch immer das gerade ist – mit ihrem Partner Justin und der gemeinsamen Tochter Poko (5). Gemeinsam lernen, essen, basteln und spielen sie. Außerdem inspirieren sie sich gegenseitig und es gibt immer etwas zu lachen. Gerade einmal eine Woche nach ihrem Umzug aus Los Angeles luden sie uns in ihr neues Zuhause in Kopenhagen ein, damit wir uns selbst ein Bild von ihrem Leben machen konnten.

Das Spiel ist auch der rote Faden, der sich durch die lebendig wirkenden Stillleben von Hugo Yu zieht. Für unseren Foto-Essay in diesem Kapitel durchstöberte der in New York lebende Künstler Goodwill-Läden an der Westküste der USA nach Second-Hand-Schätzen, die er zerlegen und neu zusammensetzen konnte. Eine Welle der Nostalgie, die ihn erfasste, als er den Sonnenuntergang über einem Spielplatz betrachtete, inspirierte ihn zu den daraus entstandenen Strukturen. Er vereint einfallsreiches Recycling auf charmante Weise mit Unbeschwertheit.

SPIELEN

PLUFSIG

DUKTIG

KLIPPAN

Design: Tina Christensen, 2014

PLUFSIG IKEA ist sich seit Langem der Bedeutung des Spiels für die körperliche, kreative und soziale Entwicklung eines Kindes bewusst. Ingvar Kamprad bot in den 1960er Jahren erstmals Spielbereiche in IKEA-Einrichtungshäusern an und brachte 1997 das erste IKEA-Sortiment für Kinder auf den Markt, um das Lernen spielerisch zu fördern.

Seit 2010 führt IKEA außerdem regelmäßig Spielstudien durch, bei denen Tausende von Eltern und Kindern weltweit befragt werden, um zu verstehen, mit welchen Designs das Spielen zu Hause weiter verbessert werden kann.

Die erste Studie ergab, dass viele Familien in kleinen Stadtwohnungen lebten und nur begrenzten Zugang zu Spielplätzen hatten. Darüber hinaus waren die Eltern besorgt, dass digitale Unterhaltung ihre Kinder davon abhält, sich ausreichend körperlich zu betätigen.

Um dem Abhilfe zu schaffen, entwickelte IKEA PLUFSIG, eine preiswerte faltbare Spielmatte, die 2014 in die Einrichtungshäuser kam. Das mehrfarbige Design wurde von Tina Christensen in Zusammenarbeit mit der schwedischen zeitgenössischen Zirkusgruppe Cirkus Cirkör konzipiert, deren Akrobat*innen ihr Einblick in ihr Leben gaben.

Die ursprünglich als weiche Gymnastikmatte gedachte Auflage, die spielerisch Gleichgewichtssinn und Koordination verbessern sollte, hat sich als überraschend vielseitig erwiesen. Kinder nutzen sie als bequeme Unterlage zum Lesen, verwandeln sie in eine Festung oder verwenden mehrere Matten, um eine größere Spielfläche zu schaffen.

Der PEVA-Bezug (aus chlorfreiem Vinyl) und die leichte Polyethylenschaum-Füllung erleichtern die Reinigung und den Transport. Nach dem Spiel kann die Matte ähnlich einer Ziehharmonika zusammengefaltet und bequem verstaut werden.

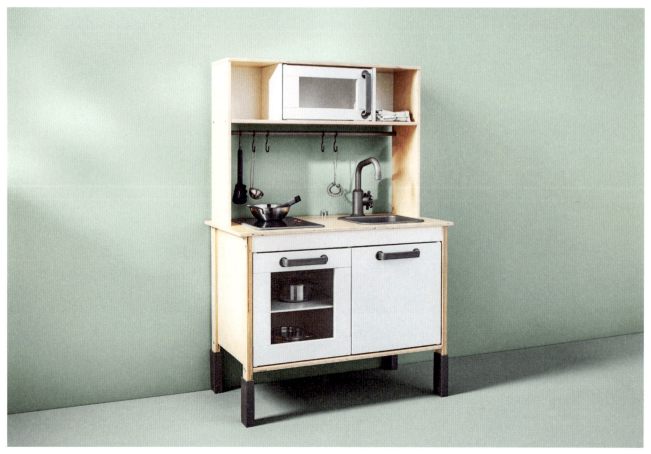

Design: Mikael Warnhammar, 2007

DUKTIG Rollenspiele sind für die Entwicklung der sozialen Kompetenzen von Kindern wichtig. Wenn Kinder Erwachsene nachahmen, tun sie dies umso besser, je authentischer ihr Spielzeug dafür ist. Außerdem hält ein gut verarbeitetes Spielset in der Regel länger und sieht meist auch noch besser aus.

Nachdem der Markt in den 2000er Jahren mit billigem und kindlichem Plastikspielzeug übersättigt war, wollte IKEA in Anlehnung an eines seiner normalen Küchendesigns eine attraktive, hochwertige Spielküche herstellen.

Die neue Kücheneinheit VÄRDE des Unternehmens, ein Design in heller Birke mit moderner skandinavischer Ästhetik, schien dafür perfekt geeignet zu sein. Ihr Designer, Mikael Warnhammar, war von dem Konzept begeistert und entwickelte ein Miniaturmodell seiner Küche. Er integrierte sogar zwei dekorative LED-Lampen aus dem bestehenden IKEA-Sortiment, um ein Cerankochfeld nachzuahmen.

Das Team war beeindruckt. Die DUKTIG Spielküche kam nach ihrer Weiterentwicklung 2007 auf den Markt, einschließlich einer realistischen Nachahmung von Spüle, Backofen und Mikrowelle, verschiedenen Aufbewahrungsbereichen und natürlich dem beleuchteten Kochfeld.

Wichtig war für die Macher*innen der Spielküche aus Birke deren Langlebigkeit, weshalb sie dafür sichere, strapazierfähige und recycelbare Materialien wählten. Die Beine haben zudem drei Höheneinstellungen, sodass die Küche mit den Kindern mitwachsen kann. Während kleinere Kinder vorwiegend mit dem Zubehör aus Töpfen, Pfannen, Teigschabern, Kaffeetassen und mehr spielen, schlüpfen größere Kinder gern in die Rolle der Köchin oder des Kochs oder werden angeregt durch die DUKTIG Spielkasse zu geschäftstüchtigen Restaurantbesitzern.

KLIPPAN In den 1970er Jahren nahm ein Großteil der westlichen Welt eine liberalere Haltung ein. Bei der Kindererziehung standen Spiel und Selbstentfaltung im Vordergrund. Auch der Spielbereich von Kindern dehnte sich von einer Spielecke auf einen größeren Teil des Zuhauses aus, sodass dieser kindersicherer gestaltet werden musste.

Nachdem im Zuhause von Lars Engman 1979 ein teures italienisches Sofa beim Spielen irreparabel beschädigt wurde, erkannte der ehemalige Design-Chef und Produktentwickler bei IKEA, dass eine neue Art von Couch notwendig ist, die dem täglichen Spielen standhält und dennoch ästhetisch ansprechend ist.

Als Erstes fiel ihm dabei das schlichte, aber robuste LAPPMON Sofa von IKEA ein, das der japanische Designer Noboru Nakamura entwickelt hatte. Mit ein paar Veränderungen würde es alle Kriterien einer kinderfreundlichen Couch erfüllen.

Zunächst benötigte das neugestaltete Design einfach abzunehmende, waschbare Bezüge – eine Premiere für IKEA, dessen Sortiment zuvor nur Bezüge für die chemische Reinigung umfasste. Um dies zu erreichen, reduzierte Lars die Maße von LAPPMON auf die damalige Standard-Stoffbreite. Wichtig war ihm außerdem, die für den Couchbezug erforderliche Materialmenge auf ein Minimum zu reduzieren, sodass er in haushaltsüblichen Waschmaschinen gereinigt werden kann.

Im Jahr 1980 kam KLIPPAN als Zweisitzer mit Holzrahmen auf den Markt. Das Sofa war so kompakt, dass es bequem durch die meisten Hauseingänge passte. Nach einem anfänglich schleppenden Verkauf erkannten die Kund*innen schon bald die zahlreichen Vorteile von KLIPPAN. Das Sofa eignete sich nicht nur ideal für Einfamilienhäuser und kleine Wohnräume, sondern konnte dank der wechselbaren Bezüge auch an die jeweiligen Einrichtungstrends angepasst werden.

Durch weitere kleine Änderungen hat IKEA das KLIPPAN Design im Laufe der Jahre noch leichter und erschwinglicher gemacht. Seit dem Jahr 2004 wird es sogar als Flatpack verkauft. All dies hat dazu beigetragen, dass sich der IKEA-Klassiker noch immer großer Beliebtheit erfreut.

Design: IKEA of Sweden, 1980

SPIELEN

JEAN-CHARLES
LEUVREY

KANN MAN AUF einem Fluss seekrank werden? Laut Jean-Charles Leuvrey „definitiv nicht". Der vielseitig interessierte Gründer von Hotel Radio Paris ist vor kurzem mit seiner Frau vor den Toren von Paris in der benachbarten Stadt Bezons auf einen Frachtkahn gezogen. Davor hatte das Paar im Zentrum der Metropole gewohnt. Die beiden suchten nach einer langfristigen Lösung, um näher an der Natur zu leben und ihrer Leidenschaft für das Angeln besser frönen zu können. Gleichzeitig sollte das Studio von Hotel Radio Paris im 18. *Arrondissement* schnell erreichbar sein.

Jean-Charles hatte den Radiosender 2016 gegründet und seither dessen Unabhängigkeit und Sendefreiheit bewahrt. Hotel Radio Paris ist eine Plattform für alle, die ihrer Leidenschaft nachgehen und etwas ausprobieren möchten – sei es Musiker*innen, DJs oder Spoken-Word-Künstler*innen. Man könnte sagen, der Radiosender ist dem Spielen gewidmet: dem spielerischen Experimentieren und dem Spielen mit Instrumenten, Ideen und Ausdrucksformen. Die von Jean-Charles entdeckten Künstler*innen werden oft, bevor sie sich versehen, zu erfolgreichen Newcomern. Denn Jean-Charles, dessen Weg ihn von der Arbeit als Händler in London zum intensiven Skateboarden in Südafrika und Barcelona geführt hat, ist auch ein Trendsetter. Er bleibt gern im Hintergrund, während er als Berater für einige der einflussreichsten Unternehmen tätig ist. Sein Kahn bietet ihm den perfekten Ort dafür.

HT: Was hat dich dazu veranlasst, auf einem Frachtkahn zu wohnen?

JCL: Das war in der Tat ziemlich witzig. Ich habe sehr viele Interessen und kann mich leicht für etwas begeistern. In Paris habe ich fast sechs Jahre verbracht. Ich bin in meinem Leben viel gereist und mag Paris nicht sonderlich. Irgendwann empfand ich das alles als ziemlich nervig. Durch meine Arbeit habe ich viel mit kreativen Menschen zu tun. Zu Hause möchte ich einfach nur abschalten. Ich bin im Tschad in Afrika aufgewachsen und hatte daher für hiesige Verhältnisse eine eher ungewöhnliche Kindheit. Generell hat es mich immer nach draußen gezogen. Letzte Woche war ich in Chamonix und wir verbrachten zwei Tage auf dem schneebedeckten Mont Blanc. Ich gehe auch wandern und bergsteigen. Das ist auch der Grund, warum ich als Kind mit dem Skateboarden angefangen habe und es noch immer tue. Außerdem angle ich gern. Ich liebe es, draußen zu sein, und Angeln finde ich am schönsten.

Text HAYDÉE TOUITOU
Fotos JULIEN T. HAMON

HT: **Du brauchtest also einen Ort zum Angeln?**

JCL: Ja. Ich sagte zu meiner Frau, dass ich irgendwo außerhalb von Paris Land am Fluss kaufen und ein Tiny House bauen möchte. Ich weiß, wie man Dinge baut. Früher habe ich Skateparks gebaut. Ich wollte einen Ort, an dem wir an den Wochenenden chillen können. Während ich noch auf der Suche nach dem perfekten Grundstück war, fielen mir bei meinen Recherchen immer öfter Frachtkähne auf. Ich fand, dass sie witzig aussehen. Meine Frau schlug vor, dass wir uns einen anschauen. Die Vorstellung, auf einem solchen Frachtkahn zu leben, hat uns fasziniert. Schließlich haben wir diesen hier gefunden.

HT: **Seit wann lebt ihr hier schon?**

JCL: Wir haben den Frachtkahn im Dezember letzten Jahres gekauft und alles renoviert – Isolierung, Anstrich, neue Fenster usw. Das hat vier Monate gedauert. Wir leben hier also seit eineinhalb Monaten. Es ist noch alles ganz neu. Für mich fühlt es sich ehrlich gesagt so an, als ob wir in einem Haus wohnen – einem Haus am Fluss. Es sieht zwar wie ein Boot aus, ist aber in der Tat einfach ein wirklich schönes Haus. Ich habe schon lange nicht mehr so was Tolles gemacht.

HT: **Was ist dein Lieblingsplatz auf deinem Kahn?**

JCL: Ich finde alle Räume toll, aber mein Lieblingsplatz ist vielleicht dieser Tisch. Ich genieße den Blick aus diesem Fenster. Aber möglicherweise ist es noch zu früh, um meinen Lieblingsplatz zu kennen.

HT: **Was hat dich veranlasst, einen Radiosender zu gründen?**

JCL: Ich habe Hotel Radio Paris vor fünf Jahren, im Februar 2016, gegründet. Mit 16 hatte ich zusammen mit einem Nachbarsjungen namens Brodinski eine Radiosendung. Er wurde in den 2010er Jahren einer der berühmtesten DJs. Die Sendung haben wir zwei Jahre zusammen gemacht. Nach meinem Studium arbeitete ich in London als Händler und habe mich

dann selbstständig gemacht. Wir haben so viel gemacht, und ich bin noch immer viel beschäftigt. Aber irgendwann, nachdem ich für verschiedene Radiosender gearbeitet hatte, beschloss ich, nach Paris zu ziehen und eine Radiosendung zu machen, in der ich Leute dazu interviewen würde, wie man von seiner Leidenschaft leben kann.

> „Das Schöne am Leben auf dem Kahn ist, dass ich mich dadurch selbst während der Arbeit wie im Urlaub fühlen kann."
>
> – JEAN-CHARLES LEUVREY

HT: Was war deine Vision für Hotel Radio Paris?

JCL: Ich hatte bei der Gründung von Hotel Radio Paris nur einen Grundsatz: Ich wollte mich nicht auf bestimmte Genres festlegen, sondern alles spielen. Wichtig sind für mich bei Künstlern die Ausstrahlung und der Sound. Darauf kommt es mir an. Hotel Radio Paris ist nicht nur ein Radiosender, sondern vor allem auch eine Erkundungsplattform. Ich bin immer offen für neue Vorschläge. Der Sender war bereits für einige heute erfolgreiche Künstler*innen die Startrampe.

HT: Deine Arbeit ist deine Leidenschaft, und umgekehrt. Wie findest du Zeit zum Spielen?

JCL: Alles wird irgendwann Arbeit. Als ich das begriff, machte ich noch fünf Jahre weiter, bevor ich schließlich abtauchte. Das Spielerische beizubehalten ist unmöglich. Meine Frau fragte mich schließlich, warum selbst unsere Hobbys Arbeit geworden waren. Ich kann nichts dafür, die Leute mögen einfach meine Ausstrahlung. Und ich unterstütze andere auch gern. Selbst Wandern und Bergsteigen sind Arbeit geworden! Das Schöne am Leben auf dem Kahn ist, dass ich mich dadurch selbst während der Arbeit wie im Urlaub fühlen kann. Drei Wochen im Jahr nehme ich absolut frei und gehe wandern. Das ist meine Auszeit, auch wenn es schwer ist. Dann bin ich drei Wochen lang nicht erreichbar, um Energie für den Trubel des kommenden Jahres zu schöpfen. Aber dieser Alltag ist einfach anstrengend, weshalb ich beschlossen habe, jetzt hier zu leben. Hier kann ich selbst dann entspannen, wenn das Telefon den ganzen Tag klingelt.

SPIELEN

Ritual: Jean-Charles Leuvrey angelt von seinem Frachtkahn aus

JEAN-CHARLES LEUVREYS Hauptmotiv für den Umzug auf einen Frachtkahn vor den Toren von Paris war der einfache Zugang zum Wasser, um jederzeit angeln zu können. „Angeln ist für mich wie Yoga", erklärt er und richtet die Angelrute so aus, dass die Schnur achtern hinter dem Kahn treibt. „Es ist extrem entspannend, weil ich die meiste Zeit damit verbringe, Knoten zu entwirren. Ich liebe es einfach."

Bevor er und seine Frau auf die Idee mit dem Frachtkahn kamen, hatten sie vorgehabt, weiter im Stadtzentrum zu wohnen und sich für gelegentliche Auszeiten einen Ort im Grünen zu suchen. Die Ruhe, die das Leben auf dem Land mit sich bringt – insbesondere am Wasser – empfanden beide als extrem reizvoll.

Mit dem Angeln kennt sich Jean-Charles in jedem Fall aus. „Es gibt zwei Arten des Angelns", erklärt er. „Aktives Angeln und die eher entspannte Form davon. Ich mache beides, aber am besten gefällt mir das entspannte Angeln. Ich sitze auf meinem Stuhl, niemand redet und ich mache sogar das Handy aus. Das ist herrlich."

Sein Ziel ist es, jeden Fisch einmal zu fangen und dann wieder freizulassen. „Ich mag sie nicht töten", erklärt er. „Ich fange sie und lasse sie dann wieder frei. Ich würde nie einen Fisch essen, den ich selbst gefangen habe. Wir müssen die Fische schützen! Es gibt schon kaum mehr Wildfische. Wenn ich einen davon esse, kann sich diese Spezies vielleicht nicht weiter vermehren. Daher ist mir auch wichtig, womit ich angle."

Er achtet sehr genau darauf, den richtigen Köder für jeden Fang zu haben. „Das mit den Ködern ist echt schräg", fügt er hinzu. „Angler sind echte Nerds. Die lebensechten Fischköder sehen echt cool aus. Da werde ich auch zum Geek. Manche bestelle ich sogar in Japan."

Text HAYDÉE TOUITOU
Fotos JULIEN T. HAMON

SPIELEN

Foto-Essay: Hugo Yu

HUGO YU war eines Abends in Kalifornien joggen, als er an einem Spielplatz vorbeikam. Der Anblick weckte in ihm ein Gefühl purer Nostalgie – eine Erinnerung an die Leichtigkeit, Freude und völlige Hingabe der Kindheit. Davon inspiriert schuf er Stillleben aus Second-Hand-Gegenständen: aus Haushaltsgeräten, altem Spielzeug und recycelten Schätzen, die er zerlegt und neu zusammensetzt. Wie viele Kinder findet auch er, dass die besten Spielzeuge gar keine echten Spielzeuge sind.

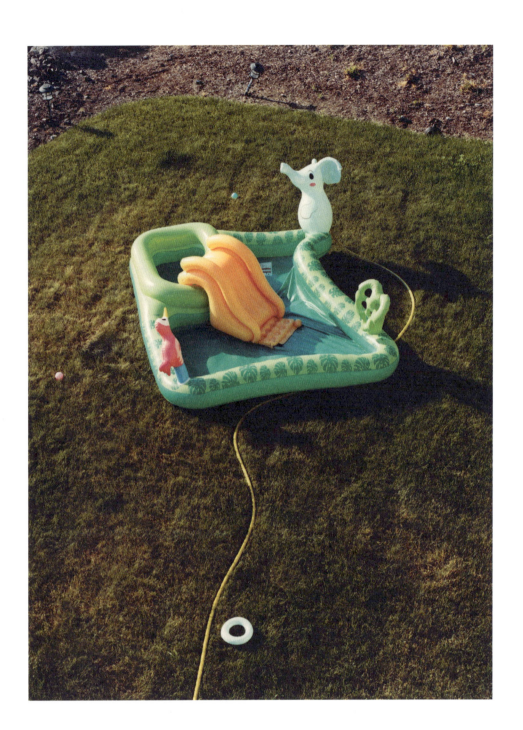

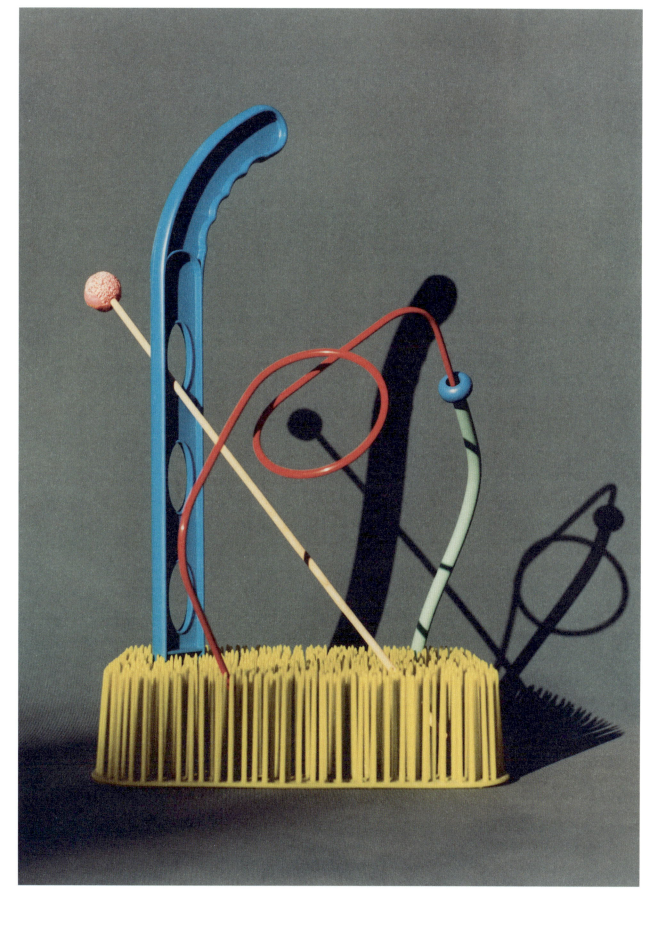

SPIELEN

MISAKI

KAWAI

200

Text LIV SIDDALL
Fotos CASPER SEJERSEN

DIE KÜNSTLERIN MISAKI KAWAI, ihr Partner Justin Waldron und die gemeinsame Tochter Poko (5) leben zurzeit in einer Wohnung in Kopenhagen. Sie sind vor etwas mehr als einer Woche dorthin gezogen, gefolgt von einer kleinen Kiste mit Besitztümern aus ihrem letzten Zuhause in Los Angeles.

Misakis Gemälde und riesige flauschige Kreaturen hingegen sind in Lagern und Galerien auf der ganzen Welt verteilt und fragen sich vielleicht, wohin es Misaki, Justin und Poko wohl verschlagen hat. Ihre unbefangenen, fröhlichen Multimediaarbeiten, die (unter anderem) Snacks, Menschen, Blumen, Tiere und lächelnde Gesichter zeigen, finden in Galerien in New York, Japan und Kopenhagen großen Anklang. Alles, was sie erschafft, wirkt freudig, positiv und fantasievoll. Gelegentlich werden ihre Werke auch als „kindlich" bezeichnet, was in gewisser Weise zutrifft, ihnen aber nicht wirklich gerecht wird: Diese fleißige Künstlerin hat das beneidenswerte Talent, ihre außergewöhnliche Fantasie auf Leinwänden, als Skulpturen, in Zeichnungen oder in Form von kleinen Publikationen und Objekten zu vermitteln. Sie drückt mit all diesen Medien ihr Gefühl grenzenloser, ungehemmter Freiheit aus und ermutigt den Betrachter, spielerischer, neugieriger und offener zu sein.

Die Wohnung, die Misaki und ihre Familie vorübergehend bezogen haben, hat das unverkennbare Echo eines neuen, noch nicht eingerichteten Zuhauses. Sie enthält nur eine Handvoll ausgewählter Gegenstände, die sie für den Start in ihr neues Leben mitgebracht haben. Die Wand zieren Misakis neue Stoffteppiche. Pokos Maltisch ist aufgebaut und mit Farben und Papier bedeckt. Eines der hohen, hellen, leeren Schlafzimmer ist jetzt ein minimalistisches Yogastudio (zu erkennen an den drei Yogamatten, die auf dem Holzboden ausgerollt wurden – voilà!). Möbel scheinen ihnen nicht sonderlich wichtig zu sein – während sich Menschen normalerweise mit Sofas, Tischen und Kleinmöbeln umgeben, brauchen diese drei nur Papier und Stifte und einen Ort, um gemeinsam Reis zu kochen und zu essen. Kopenhagen ist vielleicht sogar nur eine vorübergehende Station. Die Nomadenfamilie überlegt, nach Taipeh zu ziehen. Misaki sehnt sich nach der asiatischen Lebensweise, aber vor allem nach dem dortigen Essen.

Hier in der Stadt hat Misaki die Möglichkeit, ein Atelier zu nutzen, in dem sie großformatige Arbeiten realisieren kann. Im Moment ist es leer, bis auf eine Hängematte. Die Familie verbringt die meiste Zeit in dem Apartment, das gleichzeitig als Wohnraum, kreatives Arbeitsstudio und für den Heimunterricht von Poko dient. Poko erstellt gern Zines, von denen sich bereits ein Stapel im Bücherregal befindet. Jedes Werk,

das die Familie erstellt, erhält einen Platz an der Wand. Nur Poko spart sich das Aufhängen und malt direkt auf die Fenster.

Sie führen ein rundum kreatives Leben, dessen Wochenenden dem gleichen Zeitplan wie ihre Wochentage folgen. Um 7 Uhr wacht die Familie auf. Frühstück gibt es um 8 Uhr. Dabei wird Mandarin gesprochen. Anschließend machen sie, wozu sie an diesem Tag gerade Lust haben. Das kann ein Ausflug zum Spielplatz mit dem Lastenrad sein, wobei Misaki und Poko vorne im Wagen sitzen. Sie machen alles gemeinsam, egal ob Tai-Chi, das Erlernen einer neuen Sprache oder die Zubereitung eines Snacks.

LS: **Träumt ihr von einem permanenten Zuhause?**

JW: Ja, wir wünschen uns etwas Dauerhaftes. Irgendwann werden wir ein Haus bauen. Wir wissen nur noch nicht, wo.

MK: Vielleicht irgendwo im Grünen.

LS: **Was ist für euch das Wichtigste, das ein Zuhause haben sollte?**

MK: Ich denke, in der Stadt wäre es schwierig, ein Haus zu bauen. Es könnte klein sein, sollte aber etwas Verspieltes haben und ein Ort sein, an den einfach jeder kommen und wo man etwas zusammen machen kann. Mehr Zeit in der Natur zu verbringen, wäre vielleicht schön, damit sich alle entspannen können.

JW: Worauf wir bei unserem Zuhause immer achten, ist, dass es einen schönen Arbeitsablauf ermöglicht, da wir eine ziemlich strukturierte Tagesroutine haben. Wichtig ist, dass Poko kreativ sein kann und wir unsere täglichen Gewohnheiten pflegen können. Die Küche sollte nicht zu groß sein und nicht zu viel Platz einnehmen. Die ständigen Umzüge helfen uns, herauszufinden, was uns wichtig ist.

MK: Eine Küche sollte klein sein, damit alles bequem in Reichweite ist.

LS: **Viele Künstler arbeiten in einem Atelier und gehen dann zum Essen und Schlafen nach Hause. Bei euch scheint dies mehr ineinander überzugehen.**

MK: Ich empfinde es als schwierig, beides zu trennen. Ich habe keine festen Arbeitszeiten, zu denen ich in ein Atelier gehe. Ich wache morgens einfach auf, frühstücke und mache vielleicht Yoga oder etwas anderes. Dann male ich ein wenig, mache sonst irgendetwas, bereite einen Snack zu, beschäftige mich wieder mit etwas anderem oder veranstalte eine kleine Party, nur für uns drei.

JW: Es ist ziemlich praktisch, zu Hause zu arbeiten. Vor allem für Misaki. Es sei denn, es geht um ein größeres Werk, dann nutzen wir den Atelierraum.

LS: **Was macht ihr beim Einzug in ein neues Zuhause als Erstes, um euch wohlzufühlen?**

MK: Meine Oma hat immer gesagt: „In deinem neuen Zuhause ist Reis wichtiger als ein Bett." Für sie bedeutete Reis gleichzeitig Zuhause. „Dadurch wirst du nie hungern. Aber wenn du ein Bett hast, wirst du vermutlich die meiste Zeit verschlafen." Manchmal kreiere ich auch einfach etwas, oder Poko bemalt die Fenster. Dekorieren hat etwas Heimeliges.

JW: Teppiche sind wichtig. Diese Teppiche hatten wir schon in Kyoto und Los Angeles. Das Schöne daran ist, dass man sie nur auszurollen braucht. Man könnte darauf sogar schlafen, wenn man keine Matratze hätte.

LS: **Was ist am besten daran, gemeinsam als Familie zu arbeiten?**

MK: Vielleicht, dass wir Spiel und Arbeit verbinden können. Wir können jederzeit tun, wonach uns gerade ist.

JW: Was mir auffällt ist, dass sich Misaki und Poko oft gegenseitig inspirieren. Misaki arbeitet gerade mit einem Modelabel in Shanghai zusammen. Während sie in einem Skizzenbuch Entwürfe macht, sitzt Poko neben ihr und zeichnet diese nach. Pokos Zeichnungen bringen wiederum Misaki auf neue Ideen. Sie ergänzen sich wirklich hervorragend.

MK: Sie verwendet meine Ideen und ich ihre. Wir arbeiten also zusammen. Wenn ich ihre Skizzen sehen, denke ich oft: „Hm, vielleicht kann ich meine Entwürfe auch spielerischer gestalten."

LS: **Ihr inspiriert euch also alle gegenseitig?**

MK: Ich denke, ja.

LS: **Ihr scheint sehr harmonisch und glücklich miteinander zu leben.**

JW: Das finden wir auch. Wir sind in vielerlei Hinsicht sehr verschieden. Wir haben die gleichen Visionen, aber komplett unterschiedliche Rollen. Das macht uns unserer Meinung nach zu einem guten Team.

LS: **Was ist das Geheimnis eines glücklichen Zuhauses?**

MK: Ich glaube nicht, dass es viel mit materiellen Dingen zu tun hat. Für mich ist es eher, mich zu Hause zu fühlen – das Gefühl, nach Hause zu kommen. Es ist ein Ort, an dem man leckere, warme Mahlzeiten isst und an dem man sich entspannt. Du schaffst dir dein eigenes Refugium. Man könnte es vielleicht als einen Ort bezeichnen, an dem du dich von Herzen wohlfühlst.

„Meine Oma hat immer gesagt: ‚In deinem neuen Zuhause ist Reis wichtiger als ein Bett.'"

– MISAKI KAWAI

GEMEINSCHAFT

HANDELN BEGINNT beim jedem und jeder Einzelnen. Wenn es um die Klimakrise geht, verlieren wir uns jedoch allzu leicht in unseren individuellen, getrennten Lösungen und vergessen, was wir in der Summe erreichen können. Ein wiederverwendbarer Kaffeebecher, eine viel genutzte Baumwoll-Tragetasche und eine Jeans aus recyceltem Denim sind alles kleine, noble Anstrengungen. Wenn viele diese unternehmen, können daraus eine Milliarde Kaffeetassen, Tragetaschen und Jeans werden – die eine sichtbare und greifbare Wirkung haben. Es liegt in der Verantwortung jeder und jedes Einzelnen von uns, alles in unserer Macht Stehende zu tun, um kleine Veränderungen in unserem täglichen Leben vorzunehmen und auch die Menschen um uns herum dazu anzuregen.

Für IKEA bedeutet dies, Abfall zu vermeiden. Es bedeutet die Einführung von Rückkaufprogrammen. Und es bedeutet auch, nachhaltige Optionen so erschwinglich zu machen, dass sie für Millionen von Menschen auf der ganzen Welt zur Standardwahl werden. Kleine Veränderungen haben im großen Maßstab enorme Auswirkungen.

Nehmen wir zum Beispiel die LED-Lampen, die in diesem Kapitel bei den Möbelikonen im Rampenlicht stehen. Diese hochwertigen, Energie sparenden Beleuchtungsoptionen waren früher im oberen Preissegment angesiedelt – bis es IKEA gelang, sie für unter einen Euro herzustellen und damit den Markt für immer zu verändern. Neun von zehn Menschen atmen Luft ein, die die Grenzwerte der Weltgesundheitsorganisation für Schadstoffe überschreitet – und das sowohl in Innenräumen als auch im Freien. Wir werfen daher einen Blick auf einen eleganten aber erschwinglichen Luftreiniger, der zu Hause für frische Luft sorgt. Schließlich sind es mitunter die kleinen Dinge, die Großes bewirken. Hierzu zählt beispielsweise die Wasserdüse, die sich leicht an haushaltsüblichen Wasserhähnen anbringen lässt und den Wasserverbrauch um bis zu 90 Prozent reduzieren kann.

Außerdem berichten wir, wie Gemeinschaft anderswo auf der Welt gelebt wird. Von Singapur aus revolutionieren drei Generationen der Familie Soh das Konzept eines *Kampung* im 21. Jahrhundert. Ihr Zuhause, das einen urbanen Bauerngarten, eine Kochschule sowie ein Forschungs- und Entwicklungslabor beherbergt, das gleichzeitig als Atelier dient, ist sowohl der Hauptsitz eines Start-ups als auch Familiensitz. Darüber hinaus ist jedes Familienmitglied eng mit einem Netzwerk aus Freunden, Gleichgesinnten und Durchreisenden verbunden. Es herrscht ein tiefgreifendes, gemeinschaftsorientiertes Verständnis des Miteinanders.

Auch bei der Arbeit der Modedesignerin Bubu Ogisi steht die Gemeinschaft immer im Vordergrund. Sie arbeitet in Lagos, Accra und Nairobi und vereint in ihren reichhaltigen, nuancierten Kollektionen Handwerkskunst, recycelte Materialien und auf dem gesamten afrikanischen Kontinent gesammelte Geschichten. Während man sie am Morgen vielleicht beim Verweben von Kunststoff antrifft, interpretiert sie am Nachmittag möglicherweise die Geschichte eines vergessenen Königreichs neu für eine kommende Generation. Vielschichtigkeit fasziniert sie laut eigener Aussage. „Ich nehme verschiedene Bestandteile von unterschiedlichen Orten und füge sie zusammen. Alles ist miteinander verbunden."

Für den Fotografen Sahil Babbar hat Gemeinschaft mit Familie zu tun. Seine eigene Familie befindet sich zum Teil in Neu-Delhi (Indien) – wo er geboren ist und bis zum Alter von fünf Jahren lebte – und in Ontario (Kanada), wo er aufgewachsen ist. Auch wenn der oder die Betrachter*in die Personen in der Fotoserie nicht kennt, verkörpern sie Erbe, Ahnen und die subtilen und gleichzeitig unvermeidlichen Verbindungen, die uns alle zusammenhalten, wo immer wir auf der Welt sind.

GEMEINSCHAFT

RYET

FÖRNUFTIG

MISTELN

Design: IKEA of Sweden, 2021

Design: IKEA of Sweden, 2015

RYET IKEA glaubt seit Langem an die Kraft der Gemeinschaft. Dies gilt insbesondere im Hinblick auf die Klimakrise und das kontinuierliche Ziel des Unternehmens, eine nachhaltige Lebensweise für die vielen Menschen zugänglich zu machen.

Angespornt durch die Tatsache, dass Beleuchtung etwa 15 Prozent des weltweiten Stromverbrauchs ausmacht, schlug Ingvar Kamprad Anfang der 2010er Jahre vor, das komplette Glühbirnensortiment von IKEA auf LED-Lampen umzustellen – die mit Abstand energieeffizienteste, aber bis dato auch teuerste Option.

Er beauftragte das Entwicklungsteam von IKEA mit einer Herkulesaufgabe: der Entwicklung einer hochwertigen LED-Lampe, die nur einen Euro kosten sollte. Das Team prüfte daraufhin alle Komponenten bestehender LED-Angebote hinsichtlich preisgünstigerer und dennoch gleichwertiger Alternativen.

Schließlich fanden sie eine Lösung: Indem sie im LED-Bereich der Leuchten teurere hochwertigere Teile verwendeten, konnten sie andere Bestandteile der Stromversorgung weglassen und dadurch den Endpreis der Leuchte auf genau einen Euro reduzieren.

Das Ergebnis war RYET, eine erschwingliche Serie von Standard-LED-Leuchtmitteln, die bis zu 15.000 Stunden halten und etwa 85 Prozent weniger Energie als Glühlampen verbrauchen.

IKEA reichte dies jedoch nicht. RYET sollte durch ein bahnbrechendes Upgrade ersetzt werden.

Die neuen Leuchtmittel sind bis zu 35 Prozent energieeffizienter als ihre Vorgänger. Darüber hinaus halten sie bis zu 25.000 Stunden – rund 20 Jahre – und bieten eine bessere Lichtqualität. Die Serie umfasst viele Formen und Größen, einschließlich dimmbarer Ausführungen, die sogar noch weniger als die Leuchtmittel der ersten Serie kosten. Die neuen Leuchtmittel haben das Potenzial, in Haushalten insgesamt bis zu 45.000 Tonnen CO_2 pro Jahr einzusparen.

FÖRNUFTIG Saubere Luft ist wie sauberes Wasser für unsere Gesundheit von entscheidender Bedeutung. Trotzdem atmen neun von zehn Menschen Luft ein, die die Grenzwerte der Weltgesundheitsorganisation für Schadstoffe überschreitet. Darüber hinaus sterben jährlich schätzungsweise sieben Millionen Menschen an den zahlreichen Krankheiten, die durch Luftverschmutzung ausgelöst werden können.

Die Vermutung liegt nahe, dass Luftverschmutzung überwiegend ein Problem in Großstädten ist. Studien haben jedoch gezeigt, dass die Luft in unseren Häusern – sowohl in der Stadt als auch auf dem Land – eine hohe Anzahl von Schadstoffen enthält, angefangen von Staub und Kochdämpfen bis hin zu schädlichen Gasen wie Formaldehyd.

Angetrieben von dem Wunsch, saubere Luft für möglichst viele Menschen zugänglich zu machen, hat IKEA den schlanken und gleichzeitig erschwinglichen Luftreiniger FÖRNUFTIG entwickelt, der 2020 auf den Markt kam.

FÖRNUFTIG ist eine dezente, leichte, rechteckige Box in Schwarz oder Hellgrau, die mit einem Partikelfilter ausgestattet ist. Der Luftreiniger kann etwa 99,5 Prozent der kleineren Luftpartikel wie etwa Feinstaub, Staub und Pollen aus der Luft filtern. Kund*innen können den Luftreiniger auch mit einem separat erhältlichen Filter ausstatten, der speziell zur Filterung gasförmiger Schadstoffe wie Formaldehyd dient und durch Rauchen oder Kochen verursachte Gerüche reduziert.

Die größte Herausforderung bei der Entwicklung von FÖRNUFTIG bestand für das Designteam darin, all die komplexen technischen Details des Luftreinigers zu optimieren und zu vereinfachen, um eine kostengünstige, hochwertige und möglichst energieeffiziente Lösung zu liefern.

Optisch sollte sich FÖRNUFTIG laut Designer David Wahl nahtlos in die Wohnungseinrichtung einfügen. Der Luftreiniger kann vertikal oder horizontal an der Wand montiert oder auf den Boden gestellt werden. Durch den abnehmbaren Griff lässt er sich bequem von Raum zu Raum transportieren.

Demnächst wird IKEA mit STARKVIND einen neuen Luftreiniger auf den Markt bringen, bei dem alle Funktionen von FÖRNUFTIG weiter optimiert wurden.

Design: David Wahl, 2020

Design: IKEA of Sweden, Altered, demnächst erhältlich

MISTELN Nach Angaben des World Wide Fund for Nature werden bis 2025 rund 75 Prozent der Weltbevölkerung von Wasserknappheit betroffen sein. Dennoch verbrauchen viele von uns weitaus mehr Wasser als notwendig. In Europa liegt der Pro-Kopf-Verbrauch bei täglich durchschnittlich 150 Liter Wasser, in den USA ist er sogar noch höher.

Die Wasserverschwendung in Haushalten ist oft auf schlechte Angewohnheiten zurückzuführen. Wer beispielsweise beim Zähneputzen das Wasser laufen lässt, vergeudet pro Minute bis zu 12 Liter.

Da IKEA Lösungen gegen die drohende Wasserknappheit bieten wollte, begann das Unternehmen mit der Einführung wassersparender Hähne und Duschköpfe in seine Badezimmer- und Küchensortimente. Es erkannte jedoch bald, dass extremere Wassersparmaßnahmen erforderlich sind, und zwar schnell.

Daher wandte sich IKEA 2016 an das schwedische Innovationsunternehmen Altered, das sich auf die Herstellung transformativer Wassersparlösungen für bestehende Haushaltsarmaturen spezialisiert hat. Gemeinsam kombinierten sie die für IKEA typische Herangehensweise an Design mit der patentierten Technologie von Altered zur Vernebelung von Wasser. Durch die erhöhte Wirksamkeit jedes einzelnen der feinen Tropfen und die erhöhte Fließgeschwindigkeit stellten sie maximale „Effizienz" sicher. Das Ergebnis ist MISTELN, ein demnächst auf den Markt kommender Wasserhahnadapter, mit dem der Wasserverbrauch um mehr als 90 Prozent reduziert werden kann.

Die kompakte schwarze Düse, die für 5 Euro erhältlich sein soll, kann dank des mitgelieferten Adapter-Kits an die meisten Armaturen angeschraubt werden. Je nach Wasserbedarf kann die Düse auf Nebel und Sprühen eingestellt werden. Der Strahlregler und der Griff bestehen aus recyceltem Kunststoff. Das Innenleben ist aus biobasiertem, verstärktem Polyamid-Kunststoff, um die Langlebigkeit und Hygiene des Produkts sicherzustellen.

Der Adapter ist ein kleiner, aber wichtiger Schritt, um die kollektiven Auswirkungen unserer schlechten Wassergewohnheiten zu reduzieren. Wenn das Wasser mit MISTELN versehentlich eine Minute lang laufen gelassen wird, reduziert sich die Wasserverschwendung um mehr als 97 Prozent auf einen Viertelliter.

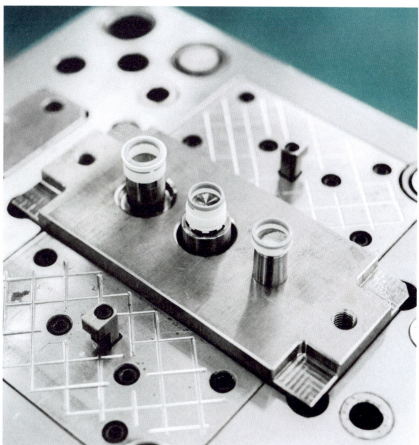

GEMEINSCHAFT

FAMILIE

SOS

INMITTEN DER gepflegten Vororte zwischen Singapurs Stadtteilen Katong und Siglap hat die Familie Soh eine einzigartige Oase geschaffen. Calvin und seine Partnerin Arlette, ihre gemeinsamen Kinder Eva und Dylan und die Matriarchin Ng Swee Hiah – „Mummy Soh" – gründeten 2016 zusammen One Kind House. Die Kinder waren damals gerade einmal zehn und dreizehn Jahre alt. Ihr Zuhause, das einen urbanen Bauerngarten, eine Kochschule sowie ein Forschungs- und Entwicklungslabor beherbergt, das gleichzeitig als Atelier dient, fungiert sowohl als Hauptsitz eines Start-ups, als *Kampung* (eine traditionelle Dorfküche) sowie als Familiensitz. In einem dicht besiedelten Stadtstaat, in dem nur noch 5 Prozent der Bevölkerung ein eigenes Haus besitzen, erforschen die Sohs durch ihr Zuhause und ihre Familie, was es bedeutet, das Konzept des *Kampung* im 21. Jahrhundert am Leben zu erhalten.

TZ: Wie kam One Kind House zustande?

CS: Meine Großeltern haben das Haus 1969 gekauft. Sie hatten zwölf Kinder, und meine Mutter war die Älteste. Als ich klein war, lebten wir eine Zeit lang in einer Vier-Zimmer-Wohnung des Amts für Wohnungswesen. Nachdem meine Großeltern verstorben waren, kaufte meine Mutter jedoch das Haus 1985 von ihren Geschwistern, um ein ihren Eltern gegebenes Versprechen zu erfüllen. Damals bauten die Bewohner dieses Viertels ihr eigenes Obst und Gemüse an und hielten Hühner und Enten. Wir lebten in einem *Kampung*. Heute besteht unser Viertel aus Wohnblöcken.

Meine Mutter ging etwa zu der Zeit in Rente, als ich beschloss, Hausmann zu werden. Arlette und ich haben unser ganzes Geld und viel Mühe investiert, um herauszufinden, wie unser Zuhause zukünftig für meine Mutter und unsere Kinder aussehen sollte. Wie sehen in dieser neuen Welt Ruhestand und Bildung aus? Meine Mutter war gut im Unterrichten, Kochen und Gärtnern. Wir wussten, dass wir unsere Kinder auf eine ganz andere Zukunft vorbereiten mussten, als die, auf die unsere Eltern uns vorbereitet hatten. Wir haben viel darüber nachgedacht, auf welche Werte wir uns konzentrieren müssen. Dabei kamen wir zu dem Schluss, dass sie, solange sie ihre Prüfungen in der Schule bestehen, mehr davon hätten, wenn sie hierherkommen können, meiner Mutter bei den Kochkursen und Abendessen helfen und Zeit in unserem Forschungs- und Entwicklungslabor verbringen.

TZ: Die Familie lebt hier nicht ständig?

CS: Das hier ist sozusagen unser Family Office. Unsere Wohnung liegt fünf Minuten entfernt. Derzeit leben wir

Text TÜRKÜ ZORLUTUNA
Fotos JULIANA TAN

bis auf Onkel Ng Yak Whee, Mummy Sohs Bruder, alle dort. Jeder von uns ist mindestens vier Tage in der Woche hier.

TZ: Was sind eure Lieblingsplätze im Haus?

DS: Ich mag den kleineren Tisch, an dem wir alle zusammen Poker spielen. Und das Wohnzimmer, in dem Mama [Mummy Soh] ihre Schlafcouch hat. Mama und ich sitzen dort gern und spielen Gitarre.

ES: Mein Lieblingszimmer ist im ersten Stock, wo meine Nähmaschine steht. Wenn ich mich auf etwas konzentriere, vergesse ich die Welt um mich herum und bin in einer Art Flow-Zustand.

ATS: Einer meiner Lieblingsplätze ist oben im Forschungs- und Entwicklungslabor. Ich bin gern dabei, wenn Eva und Dylan neue Dinge entdecken. Außerdem mag ich den Plattenspieler im Erdgeschoss. Wir hören ständig Schallplatten, die wir von unseren Reisen mitgebracht haben. Es ist ein wesentlicher Bestandteil dessen, was One Kind House ausmacht: Essen, Kultur und Musik.

TZ: Mummy Soh, was ist dein Lieblingsplatz im Haus?

MS: Der hintere Garten und die Küche.

TZ: Wie die Mutter, so der Sohn! Mir ist aufgefallen, dass sich der vordere und hintere Garten unterscheiden. Während Calvins und Dylans Garten auf der Vorderseite sehr ordentlich strukturiert ist, sieht der rückseitige Garten wilder aus.

CS: Das ist Mummy Sohs Art zu gärtnern. Sie streut die beim Kochen aus dem Gemüse entfernten Samen in den Garten, und sie gehen auf.

MS: Daher die vielen Chilischoten!

TZ: Ich würde gern mehr über die Kochkurse und Abendessen erfahren.

CS: Die Teilnehmer*innen kommen als Fremde und gehen als lebenslange Freunde. Eines der wichtigsten Dinge ist der rege Ideenaustausch. Dar-

um geht es beim Aufbau eines *Kampung* im 21. Jahrhundert. Ein *Kampung* in Form eines autarken, isolierten Kollektivs wäre nicht mehr zeitgemäß. Der Austausch von Ideen ist ein wesentlicher Bestandteil von „Gemeinschaft", damit diese kleinen Gemeinschaften als Lebensweise Bestand haben.

TZ: Familienleben sieht insbesondere in Singapur normalerweise anders aus.

CS: Am Anfang waren wir mit unserer Idee ein wenig alleine. Einige der Eltern, die hierherkamen, meinten zwar, dass es ihnen gefällt, fragten aber, woher wir wissen, dass wir das Richtige tun. Wir wissen es nicht! Aber viele der Puzzleteile passen einfach zusammen und ergeben Sinn. Das gibt uns Hoffnung, dass wir auf dem richtigen Weg sind. Wir arbeiten gemeinsam an Familienprojekten, wie etwa unserem aktuellen Projekt.

DS: Es ist das weltweit erste modulare, Lego-ähnliche Hydrokultursystem. Gedacht ist es für Wohnungen, die in der Regel nicht für den urbanen Gartenbau ausgelegt sind. Wir arbeiten mit Pflegeheimen und sozialen Wohnprojekten zusammen, um einkommensschwächeren Familien und insbesondere älteren Menschen eine Möglichkeit zu bieten, ihre eigenen Lebensmittel anzubauen.

TZ: Es geht also darum, der alternden Bevölkerung Singapurs eine sinnvolle Beschäftigung für den Ruhestand zu bieten?

CS: Das ist hier in Singapur ein großes Thema. Mein Vater hat hart gearbeitet, um mit 60 in Rente gehen zu können, und sich sein ganzes Leben darauf gefreut. Aber als es so weit war, wussten er und meine Mutter nicht, was sie mit sich anfangen sollten, weil es in ihrer Generation immer nur darum gegangen war, die Familie zu versorgen. Heutzutage fragen sich alle: „Was ist dein *Ikigai*, sprich dein Lebensziel?" Damals war das nebensächlich.

Bei meinem Vater wurde sechs Monate nach seiner Pensionierung Dickdarmkrebs im vierten Stadium diagnostiziert. Mit 63 Jahren ist er gestorben. Deshalb habe ich alles darangesetzt, um trotz der finanziellen Auswirkungen früher mit dem Arbeiten aufzuhören. Falls ich mit 62 sterbe, habe ich zumindest gelebt. Viel-

> „Hier herrscht ein ständiger Ideenaustausch, von dem wir alle profitieren. Wir sind eng mit unserem Ökosystem verbunden."
>
> – EVA SOH

leicht werde ich aber auch 100 Jahre alt … [er sieht Eva und Dylan an] und bin dann ein nörgelnder Greis.

DS: Dann macht er mir das Leben schwer! [lacht]

TZ: Dylan und Eva, stellt ihr einen Unterschied zwischen eurem Familienleben und dem eurer Freunde fest?

ES: Wir haben eine Gemeinschaft, die vermutlich nicht viele im Alter von 15 Jahren erleben. Die meisten haben ihre Freunde und die unmittelbare Familie. Wir sind Teil einer viel größeren Gemeinschaft und kennen daher andere Ökosysteme – ich meine damit nicht Pflanzen, sondern Menschen. Hier herrscht ein ständiger Ideenaustausch, von dem wir alle profitieren. Wir sind eng mit unserem Ökosystem verbunden.

TZ: Mummy Soh, welche Lektion fürs Leben würdest du deinen Enkeln gern darüber mitgeben, was ein gutes *Kampung* ausmacht?

MS: Die Gemeinschaft der Familie. Und Essen.

GEMEINSCHAFT

Ritual:
Familie Soh versammelt sich um den Esstisch

„DER VORGARTEN und das Esszimmer sind eins", erklärt Calvin Soh und deutet auf den Garten, der an das One Kind House angrenzt. „Alles, was wir hier essen, bauen wir dort draußen an." Tatsächlich hat die Familie Soh bei der Renovierung des Gebäudes vor einigen Jahren den Grundriss so verändert, dass der Essbereich zum zentralen Raum wurde. Wer heute durch die Eingangstür kommt, blickt direkt auf den Essbereich im hinteren Teil des Hauses. Die Decke hat dort das Dreifache der normalen Höhe, wodurch der Raum an eine Art Kirchenschiff erinnert.

Den Mittelpunkt des Raums bildet ein vier Meter langer Tisch. Das 200 Jahre alte Jarrah-Holz stammt von ausgedienten australischen Eisenbahnschwellen. Der Tisch ist das Herzstück des Familienlebens. „Dazu gibt es eine Geschichte", erklärt Calvin. „Eine Bekannte von uns war mit einem Schweizer Künstler zusammen, der diesen Tisch für ihr gemeinsames Haus gebaut hatte. Nach ihrer Trennung wollte sie den Tisch loswerden. Aber wohin mit einer vier Meter langen Tafel? Sie fragte uns, ob wir sie gebrauchen könnten.

Wir mussten nur den Transport bezahlen und haben sie und ihre Freunde als Dankeschön zu einem Abendessen eingeladen. Mir ist erst bei der Ankunft des Tisches aufgefallen, wie perfekt er für unser Haus ist. Er ist zu unserem täglichen Treffpunkt geworden. Hier besprechen wir, was uns den Tag über beschäftigt hat und welchen Beitrag wir zur Lösung der Probleme der Welt leisten können."

Diesem Familienritual ist es zu verdanken, dass Calvins Tochter Eva Soh im Alter von 14 Jahren eine Reihe von Projekten zur Stärkung von Frauen ins Leben rief und sein Sohn Dylan Soh mit der Entwicklung von One Kind Block begann. Das modulare Hydrokultursystem soll einkommensschwächeren Familien eine Möglichkeit bieten, ihre eigenen Lebensmittel anzubauen. One Kind House liegt im Zentrum eines stetig wachsenden Ökosystems – dessen Mittelpunkt dieser Tisch bildet.

Text TÜRKÜ ZORLUTUNA
Fotos JULIANA TAN

GEMEINSCHAFT

Foto-Essay: Sahil Babbar

WÄRME, AKZEPTANZ, NEUGIER, Zurückhaltung – die Verbindungen, die wir zu Familienangehörigen haben, variieren zu unterschiedlichen Zeiten. In dieser Fotoserie hat Sahil Babbar die Mitglieder seiner Großfamilie in ihrem jeweiligen Zuhause in Neu-Delhi (Indien) sowie Ontario (Kanada) mit subtiler Intimität und Feingefühl festgehalten. Jede Pose, jeder Gegenstand und jedes Kleidungsdetail der sorgfältig konstruierten Aufnahmen weist auf ein umfassendes und komplexes Netz interfamiliärer Beziehungen hin und erinnert an die unsichtbaren Bande, die uns alle verbinden.

GEMEINSCHAFT

BUBU

OGISI

240

FÜR BUBU OGISI geht es bei der Kunst der Bekleidungsherstellung um viel mehr als nur um das Anfertigen von Kleidungsstücken. Es ist mit einem Zweck, Zeit und einem Ritual verbunden. Es ist ein spiritueller, meditativer Prozess, der jedes Stück, das sie entwirft, mit einer einzigartigen Magie durchdringt.

Die in Nigeria geborene und in London und Lagos aufgewachsene Designerin studierte Mode an der École Supérieure des Arts et Techniques de la Mode in Paris. Nach ihrer Rückkehr nach Afrika reiste sie vom Westen quer durch den Kontinent in das im Osten liegende Kenia, um eine von Frauen geprägte Handwerkskultur zu erkunden.

Ihre 2009 gegründete Marke I.AM.ISIGO verbindet afrikanische Kultur mit einer kühnen, aber minimalistischen Designästhetik und einer vielseitigen und modischen DNA. Mit im Vordergrund steht dabei, stets so wenig Abfall wie möglich zu produzieren. Jetzt arbeitet sie in Lagos, Nairobi und Accra in Ghana und verbindet Elemente der Schneider- und Handwerkskultur der verschiedenen Länder. In ihren Textildesigns verkörpert sie das Miteinander.

Bei unserem Besuch in ihrer Werkstatt trägt Bubu zum Schutz vor der Kälte des winterlichen Nairobis einen warmen Mantel, der aus drei verschiedenen Anzugjacken zusammengesetzt ist, einen Hut, dessen Stil bereits seit Langem mit Mobutu Sese Seko in Verbindung gebracht wird, zwei Kleider und Kunstfell-Pantoffeln – alles in unterschiedlichen Brauntönen. Der Schauplatz ist Beacon of Hope, eine gemeinnützige Organisation, die seit 2002 über 3.120 Frauen in Handwerkskünsten und anderen Fertigkeiten ausgebildet hat, um ihnen zu helfen, dem Teufelskreis der Armut zu entkommen. Bubu zeigte uns zwischen den Webstühlen, Entwurfstischen und Gobelinräumen Muster vergangener und zukünftiger Kollektionen. Bei unserer Ankunft sinnierte sie gerade über eine große Platte aus transparentem blauem Kunststoff.

AO: **Willst du das zerschneiden und verweben?**

BO: Ich bevorzuge es, in Patches zu arbeiten, um nichts zu verschwenden. Ich mag es, wenn alles natürlich bleibt, damit sich dieser ursprüngliche Detailreichtum ergibt. Das ist I.AM.ISIGO. Ich nehme verschiedene Bestandteile von unterschiedlichen Orten und bringe sie zusammen – alles ist miteinander verbunden.

Alle Menschen und Dinge bestehen aus Schichten. Wir beginnen mit einer Schicht und entwickeln uns dann weiter. Unterschiedliche Kulturen haben unterschiedliche Schichten, die jeden von uns auf andere Weise beeinflussen. Unterschiedliche Charaktere haben unterschiedliche Hintergründe. Mir ist wichtig,

Text AWUOR ONYANGO
Fotos MAGANGA MWAGOGO

dass alle meine Outfits, Textilien oder anderen Kreationen eine Botschaft vermitteln, selbst wenn diese nicht sofort offensichtlich ist – aber wer aufmerksam ist, versteht sie.

AO: **Ist das ein Badeschwamm?**

BO: Ja [lacht]. Das ist wirklich cool. Ich dachte, ich mache daraus eine schöne Tasche. Du kannst damit auch eine kleine Dusche nehmen… nun ja, theoretisch. Er ist sozusagen „multifunktional". Die Tragetaschen hier stammen aus dem Senegal und Kenia. Daraus machen wir Hosen.

AO: **Sind *Gunias* und Kunststoff die Schichten, die bei dieser Kollektion im Mittelpunkt stehe?**

BO: Wir weben mit Hanf und Baumwolle und wahrscheinlich auch ein wenig Kunststoff. Unser Ziel ist es, den Menschen neue ökologisch innovative Designs näherzubringen. Daher verwenden wir Rot, Gelb, Blau und Hanf in seiner natürlichen Farbe. Die Idee stammt aus Kush.

AO: **Dem Königreich Kush?**

BO: Genau! Ich lese gerade das Buch *The Lost Cities of Africa*, in dem verschiedene Ereignisse aus dem Reich der Kush, Mauren, Yoruba und Benin beschrieben werden. Insbesondere geht es jedoch um die Verbindung des Kush-Imperiums mit der Geschichte des Hanfs und um dessen Verwendung als Werkstoff, Heilmittel und zu medizinischen Zwecken.

AO: **Ich sehe eine Verbindung zwischen dieser Idee und deinen Bemühungen, Kunststoff auf neuartige Weise zu recyceln. Ein Material kann ein Imperium oder ein Zeitalter prägen. Bei uns ist es leider Plastik – und wir wissen nicht, was wir damit anfangen sollen.**

BO: Das wissen wir bei Hanf auch nicht so genau. Wir befinden uns gerade in der Lernphase. Ein Enkel meiner Weberin hat seine Abschlussarbeit über die Verwendung von Hanf als Baustoff, zum Weben, als Holzalternative und für vieles mehr geschrieben. Sie war so offen für die Idee. Die meisten Leute würden es als Tabuthema betrachten.

AO: **In einer Zeit, in der so viele Aufgaben von künstlicher Intelligenz oder Maschinen übernommen wird, bist du dabei, Menschen für die Fertigung zu gewinnen.**

BO: Für mich geht es bei der Kunst der Bekleidungsherstellung um weit mehr als nur um große Stückzahlen. Ich finde es toll, die Hände für einen spirituellen, meditativen Prozess zu benutzen, anstatt die Arbeit von einer Maschine erledigen zu lassen. In meiner Werkstatt arbeiten überwiegend Frauen. In Westafrika arbeiten selbst an den Webstühlen vorwiegend Männer. Dort herrscht der Glaube, dass es Frauen Unglück bringt, mit Maschinen zu arbeiten. Es war interessant zu sehen, dass dies auf der anderen Seite des Kontinents ganz anders ist. In Westafrika wird die Tapisserie vom Patriarchat beherrscht, was in Ostafrika nicht der Fall ist.

AO: **Hast du deine letzte Kollektion auch hier gefertigt?**

BO: Ja. Shifra näht meine Jacken und manchmal Kleider. Anastacia ist die Dame am Webstuhl. Raya fertigt Hosen und Röcke.

Für diese Kollektion wollte ich etwas Subtiles und Weiches schaffen, das dennoch vielschichtig ist. Die Idee dahinter ist, dass Texturen gleichzeitig beruhigend und heilend wirken können. Ich greife auch gern alte Ideen wieder auf und entwickle sie weiter. Nach diesem Projekt werden wir Hanf und Kunststoff mischen, um zu zeigen, dass Natur- und Kunstfasern ko-existieren können.

Kunststoff wird nicht verschwinden. Wir müssen uns zwangsweise damit befassen. Ich möchte eine Balance zwischen beidem – dem Synthetischen und dem Natürlichen – finden, um Modeabfälle zu vermeiden.

„Ich nehme verschiedene Bestandteile von unterschiedlichen Orten und füge sie zusammen. Alles ist miteinander verbunden."

– BUBU OGISI

AO: Wann beginnt dein Designprozess?

BO: Neben dem Lesen und Recherchieren reise ich gern in verschiedene afrikanische Länder, um herauszufinden, wie sie miteinander verbunden sind. Ich lerne gern neue Geschichten kennen. Sie inspirieren mich zum Gestalten. Es beginnt also mit Reisen und Bewegung.

AO: Was inspiriert dich?

BO: Ich benutze gern ein *Bodaboda* [ein Motorradtaxi], um näher an meiner Umgebung zu sein. Mich inspirieren mitunter kleinste Dinge, wie die Essensverkäuferin am Straßenrand, die *Kanjo*-Arbeiter. Ich liebe es einzukaufen, die Menschen auf dem Markt zu beobachten und zu sehen, wie sie Farben mischen. Es ist sehr natürlich. Außerdem schaue ich gern Dokumentationen an – über verlorene Städte Afrikas, die Textilgeschichte, die Natur, verschiedene Diktatoren. Diktatoren faszinieren mich.

AO: Diktatoren haben eine spezielle Art, eine Persönlichkeit zu erschaffen, die ihren Modestil zu etwas...

BO: ...Eigenwilligem macht! Ich finde sie wirklich unterhaltsam. Sie haben etwas Wahnhaftes an sich, kleiden sich aber auf eine recht spezielle Weise, die gleichzeitig ihre Persönlichkeit widerspiegelt.

MITWIRKENDE

MOHAMAD ABDOUNI, Libanon
Mohamad Abdouni ist ein libanesischer Fotograf, Filmemacher und bildender Künstler, der in Beirut und Istanbul lebt. Er hat die Zeitschrift Cold Cuts gegründet. Auf den Seiten 121–128 bietet er einen Einblick in das Leben des Aktivisten und Gastronomen Kamal Mouzawak, den er in seiner Wohnung in Beirut besucht hat.

SAHIL BABBAR, Kanada
Sahil Babbar, der in Neu-Delhi geboren ist, lebt als Fotograf und Filmemacher in Toronto (Kanada). Sein Interesse gilt den Einschränkungen der Sprache und der Grenze zwischen Realität und Fantasie. In seinem ausdrucksstarken Foto-Essay auf den Seiten 233–239 geht er auf familiäre Verbindungen ein.

EMMA CAPPS, Mexiko
Emma Capps ist Schriftstellerin und Redakteurin. Sie arbeitet in London und Mexiko-Stadt in den Bereichen Kunst, Kultur und Mode. Auf den Seiten 165–169 befragt sie die Familie Rodriguez-Martin zu deren ökologischen Lebensstil.

MATTHEW DONALDSON, Großbritannien
Matthew Donaldson ist ein in London lebender Fotograf und Filmemacher, dessen Arbeitsschwerpunkte Porträts, Stillleben und Modefotografie sind. Auf den Seiten 113–119 ist sein spielerischer Umgang mit dem Thema Essen zu sehen.

DEVASHISH GAUR, Indien
Devashish Gaur ist ein in Delhi ansässiger Fotograf und multidisziplinärer Künstler, der sich den Themen Heimat, Identität und Intimität widmet. Auf den Seiten 41–48 dokumentiert er seinen Besuch bei der Klimaaktivistin Ridhima Pandey.

JADE GEORGE, Libanon
Jade George ist Schriftstellerin und Redakteurin. Sie lebt in Beirut und Athen und ist eine der Mitbegründerinnen des unabhängigen Verlags Art and Then Some. Auf den Seiten 125–129 ist ihr Interview mit dem Unternehmer, Gastronomen und Aktivisten Kamal Mouzawak zu lesen.

JULIEN T. HAMON, Frankreich
Julien T. Hamon ist ein in Paris lebender Fotograf, dessen Fokus auf der Porträt-, Mode- und Dokumentarfotografie liegt. Auf den Seiten 179–191 hat er seine Kamera auf Jean-Charles Leuvrey, den Gründer von Hotel Radio Paris, gerichtet.

BRIANNA HOLT, USA
Brianna Holt ist eine in New York und Malmö lebende Journalistin und Schriftstellerin, die sich mit dem gesellschaftlichen Wandel, Musik und kulturellen Analysen befasst. Auf den Seiten 143–150 ist ihr Interview mit der Künstlerin, Designerin und Skateboarderin Alexis Sablone zu lesen.

TAKASHI HOMMA, Japan
Takashi Homma ist ein in Tokio ansässiger Fotograf, der für seine Landschafts- und Porträtfotografie bekannt ist. Auf den Seiten 59–71 dokumentiert er Midori Shintani, die Chefgärtnerin des Tokachi Millennium Forest.

JOANNA KAWECKI, Japan
Joanna Kawecki ist eine in Australien geborene Schriftstellerin und Redakteurin, die die Zeitschrift Ala Champ gegründet hat. Sie lebt in Tokio, wo sie sich auf Design und Architektur spezialisiert hat. Auf den Seiten 63–70 ist ihr Interview mit Midori Shintani zu finden.

ARI MARCOPOULOS, USA
Ari Marcopoulos ist ein in Amsterdam geborener Künstler, Filmemacher und Fotograf, der in New York lebt und dessen Portfolio Porträts, Straßenszenen und Landschaften umfasst. Auf den Seiten 139–151 zeigt er Alexis Sablone zu Hause und in ihrem Studio in Brooklyn.

MO MFINANGA, USA
Mahmoud „Mo" Mfinanga ist ein in Detroit geborener Künstler, der in Brooklyn und Los Angeles lebt. Sein Schaffen umfasst Fotografie, Schreiben und Art Direction. Auf den Seiten 99–111 porträtiert er den Modedesigner und heutigen Aktivisten Ron Finley bei der Pflege seines Gartens.

MAGANGA MWAGOGO, Kenia
Maganga Mwagogo ist ein in Nairobi lebender Fotograf und Filmemacher mit Hauptaugenmerk auf Dokumentarfilmen und Mode. Auf den Seiten 241–248 zeigt er die Modedesignerin Bubu Ogisi.

BRIGITTE NIEDERMAIR, Italien
Brigitte Niedermair lebt als Künstlerin und Fotografin in Meran. Auf den Seiten 153–159 zeigen wir ihren erholsamen Foto-Essay, dessen Aufnahmen aus ihrem Atelierfenster heraus entstanden sind.

AWUOR ONYANGO, Kenia
Awuor Onyango ist eine in Nairobi lebende Schriftstellerin und multidisziplinäre Künstlerin, deren Arbeit sich damit befasst, Schwarzen und Frauen mehr öffentlichen Raum zu geben. Auf den Seiten 245–249 ist sie im Gespräch mit Bubu Ogisi.

KEVIN E.G. PERRY, USA
Kevin E.G. Perry ist ein in Los Angeles lebender Schriftsteller, der sich auf die Bereiche Musik, Film und Kultur spezialisiert hat. Auf den Seiten 103–110 interviewt er Ron Finley, der den leeren Swimmingpool in seinem Garten für seine Pflanzen nutzt.

GUEORGUI PINKHASSOV, Russland
Gueorgui Pinkhassov ist ein in Moskau lebender Fotograf, der vor allem für seine eindringlichen Kunstreportagen bekannt ist. Auf den Seiten 81–88 dokumentiert er die Familie Leven zu Hause in ihrer Wohnung in Chimki.

BARBARA PROBST, Deutschland
Barbara Probst lebt als Fotografin und bildende Künstlerin in München und New York. Ihre fotografischen Arbeiten umfassen Straßenszenen, Stillleben und Modeaufnahmen. Auf den Seiten 33–39 zeigt sie in einem fesselnden Foto-Essay Ausschnitte einer Momentaufnahme.

GAUTAMI REDDY, Indien
Gautami Reddy ist eine in Neu-Delhi lebende Schriftstellerin und Leiterin des Bereichs Digital & Communications der India Art Fair. Auf den Seiten 45–49 ist ihr Interview mit Ridhima Pandey zu lesen.

PIA RIVEROLA, Mexiko
Pia Riverola ist eine in Barcelona geborene Fotografin mit Sitz in Los Angeles und Mexiko-Stadt, die sich auf Mode, Stillleben, Landschafts- und Architekturfotografie fokussiert. Auf den Seiten 161–168 richtet sie ihre Kamera auf die Familie Rodriguez-Martin in Guadalajara, Mexiko.

CASPER SEJERSEN, Dänemark
Casper Sejersen ist ein in Kopenhagen lebender Fotograf, dessen Schwerpunkte Mode, Film und bildende Kunst sind. Auf den Seiten 201–208 dokumentiert er das Leben der Künstlerin Misaki Kawai und ihrer Familie in ihrem neuen Zuhause.

LIV SIDDALL, Niederlande
Liv Siddall ist Schriftstellerin, Redakteurin und Podcasterin mit Sitz in London und Amsterdam, die sich auf Design, Musik, Kunst und Kultur spezialisiert hat. Ihr Interview mit der Künstlerin Misaki Kawai und ihrer Familie ist auf den Seiten 205–209 zu lesen.

THOMAS SITO, Indonesien
Der in Makassar geborene Fotograf Thomas Sito legt seinen Schwerpunkt auf Mode und Stillleben. Auf den Seiten 19–31 fängt er das Leben der auf Bali wohnenden Designerin Elora Hardy und ihrer Familie ein.

JULIANA TAN, Singapur
Juliana Tan ist eine in Singapur ansässige Fotografin und Regisseurin, deren Leidenschaft Porträts und Bildessays sind. Ihre Bilder auf den Seiten 219–231 erzählen vom Gemeinschaftssinn der Familie Soh.

BANDANA TEWARI, Indonesien
Bandana Tewari ist eine in Indien geborene, auf Bali lebende Mode- und Lifestyle-Journalistin und Nachhaltigkeitsaktivistin. Auf den Seiten 23–30 interviewt sie Elora Hardy.

HAYDÉE TOUITOU, Frankreich
Haydée Touitou ist eine in Paris lebende Dichterin, Schriftstellerin, Journalistin, Redakteurin und Mitbegründerin der Zeitschrift *The Skirt Chronicles*. Sie interviewt auf den Seiten 183–190 Jean-Charles Leuvrey auf seinem Frachtkahn vor den Toren von Paris.

LIAM SIELSKI WATERS, Großbritannien
Liam Sielski Waters ist ein in London ansässiger Bildkünstler und Art Director, dessen Arbeit von Raumgestaltung und Produktvisualisierung bis hin zu Branding und Konzeptkunst reicht. Auf den Seiten 73–79 interpretiert er das Thema Raum als illusorische, computergenerierte Landschaft neu.

DAISY WOODWARD, Deutschland
Daisy Woodward lebt als Schriftstellerin und Redakteurin in Berlin, wo sie sich auf Kunst, Kultur, Mode und Film spezialisiert hat. Sie interviewt die Familie Leven auf den Seiten 85–89.

HUGO YU, USA
Hugo Yu ist ein in Shanghai geborener und in New York lebender Fotograf, dessen Portfolio neben dokumentarischer Straßenfotografie unter anderem auch sorgfältig inszenierte Studioarbeiten umfasst. Auf den Seiten 193–199 zeigt er eine Reihe spielerisch inspirierter skurriler Stillleben.

TÜRKÜ ZORLUTUNA, Singapur
Türkü Zorlutuna ist eine in Singapur ansässige Marken- und Kommunikationsstrategin, deren Fachgebiete Esskultur und Nachhaltigkeit sind. Sie interviewt die Familie Soh auf den Seiten 223–230.

INDEX

Kursive Seitenangaben beziehen sich auf Bilder.

A
Accra 211, 245
Afrika 183, 211, 245, 247–249
Altered 216, *216–217*

B
Babbar, Sahil 211, 232, *233–239*
Bali 11, 23–30
Bambus 23, 25–27
Barcelona 183
Bauhaus 129
Beacon of Hope 245
Beirut 91, 125–129
Beits 125
BEKVÄM *56–57*, 57
Beleuchtung
 RYET 213, *213*
 SYMFONISK 134, *134–135*
Benin 247
Betten
 BJÖRKVALLA 136, *136–137*
 IKEA PS BETTSOFA 54, *54–55*
Bezons, Frankreich 183
BJÖRKVALLA 136, *136–137*
Braasch, Wiebke 94
Brooklyn, New York 131, 143
Brown, James 107

C
Chamonix, Frankreich 183
Chimki, Russland 85–87
Christen, Frank 127
Christensen, Tina 173
Cirkus Cirkör 173
Converse 143

D
Dänemark 171, 205–209
Dekkene 125, 127
Democratic Design 8, 14
Donaldson, Matthew 91, 112, *113–119*
DUKTIG 174, *174–175*

E
Earth Day 49
Ekmark, Lennart 14
Engman, Lars 177
Eriksson, Anders 16

F
Fager, Sarah 94

Finley, Ron 91, 98, *99–103*, 103–110, *108*, *111*
FÖRNUFTIG *214*, 215
Frankreich 171, 183–190, 245
Fredriksson, Andreas 134, *134–135*

G
Gandhi 49
Ganges 45
Ghana 245
Good Design Award 94
The Green School, Bali 23, 25
Guadalajara, Mexiko 131, 165, 167–169

H
Hagberg, Knut 16, 93
Hagberg, Marianne 16, 93
Hardy, Cynthia 23, 25
Hardy, Elora 11, 18, *19*, 23–30, *23*, *26*, *28*, *31*
 Nayan und Nusa 23, *23*, 27, *28*, 30, *31*
Hardy, John 23, 25
Haridwar, Indien 45
Hayashi, Mitsushige 51, 63
Hidaka-Gebirge, Japan 63
Himalaja 45
Hokkaido, Japan 63
Holzdübel-Stecksystem 16
Horsh Beirut 127
Hotel Radio Paris 171, 183, 185–187
HUVUDROLL *96–97*, 97

I
I.AM.ISIGO 245–249
IBUKU 23, *25–27*
IKEA 365+ 94, *94–95*
IKEA Kinderwelt 173
IKEA Prototypenwerkstatt 16
IKEA PS BETTSOFA 54, *54–55*
IKEA PS GULLHOLMEN 133, *133*
IKEA Restaurant und Bistro 91, 97
Indien 11, 45, 211, 232
Indonesien 23–30
Italien 131, 152
IVAR 14, *14–15*

J
Jalisco, Mexiko 165
Japan 51, 63–70, 190, 205
Johansson, Ehlén 136

K
Kamasada 70
Kamprad, Ingvar 14, 53, 93, 173, 213
 Das Testament eines Möbelhändlers 7
Kamprad, Jonas, Mathias und Peter 7

Kanada 23, 211, 232
Karlsson, Nike 57, 94
Kawai, Misaki 171, 200, *201–208*, 205–209
 Poko 171, *202–204*, 205, *206*, 207, 209
Kedarnath-Sturzfluten, Indien (2013) 45
Kenia 245, 247
Kinder und Spiel
 DUKTIG 174, *174–175*
 PLUFSIG 173, *173*
 KLIPPAN *176–177*, 177
Königreich Kush 247
Kopenhagen 171, 205–209
Küchenausstattung
 DUKTIG 174, *174–175*
 IKEA 365+ 94, *94–95*
 STARTBOX KÖK No.1 93, *93*
 VÄRDE 174
Kyoto 209

L
La Fromagerie de Paris 125
Ladd, P.J., *Wonderful, Horrible, Life* 143
Lagos 211, 245
LAPPMON 177
Lautsprecher
 SYMFONISK 134, *134–135*
Leuvrey, Jean-Charles 171, 178, *179–186*, 183–190, *188*, *191*
Leven, Mark, Lena und Daniel 51, *81–88*, 85–89
Libanon 91, 125–129
Lindström, Magnus 94
LISABO 16, *16–17*
London 183, 245
Los Angeles 91, 103–110, 171, 205, 209
LÖVBACKEN 53
LÖVET 53, *53*
Luftreiniger
 FÖRNUFTIG *214–215*, 215
 STARKVIND 215 Lundgren, Gillis 53

M
Malmö, Schweden 143–145
Martin, Chris 54
Martin, Gabriela 161, *163*, 165, 165–169
Matbakh El Kell, Beirut 127
Mauren 247
McDonough, William, *The Next Industrial Revolution* 23
Meran, Italien 131, 152, *153–159*
Mexiko 131, 165–169
Mischbatterien
 MISTELN 216, *216–217*
Mobring, Karin 13

Mobutu Sese Seko 245
Mont Blanc 183
Moskau 51, 85, 87
Mouzawak, Kamal 91, 120, *121–128*, 125–129

N
Nairobi 211, 245
Nakamura, Noboru 177
Nambu-Gusseisenwaren 70
National Green Tribunal (Indien) 11, 45
NATURA 13, *13*
Neu-Delhi 211, 232
New York 23, 30, 131, 143, 149, 171, 205
Ng, Swee Hiah, „Mummy Soh" *219*, *221*, 223, 225, 227, *228*, *231*
El Nido de Tierra, Guadalajara, Mexiko 165, 167–169
Niedermair, Brigitte 131, 152, *153–159*
Niépce, Joseph Nicéphore, *Blick aus dem Arbeitszimmer von Le Gras* 131, 152
Nigeria 245
Nowosibirsk, Russland 85

O
Ogisi, Bubu 211, 240, *241–248*, 245–249
Olsson, Lasse 14
Olympische Spiele Tokio 131, 143, 145
One Kind Block 230
One Kind House 223–230
Ontario 211, 232

P
Pandey, Ridhima 11, 40, *41*, *42–43*, *45*, 45–49, *46*, *48*
Paris 125, 183, 190, 245
Pearson, Dan 63–65, 70
Penjamillo, Mexiko 165
Perriand, Charlotte 127
PEVA 173
PLUFSIG 173, *173*
Präfektur Aichi, Japan 70
Preutz, Henrik 94
Probst, Barbara 11, 32, *33–39*
Pryke, Susan 94

R
Red Dot Design Award 16
Regalsysteme
  IVAR 14, *14–15*
Resnais, Alain, *Letztes Jahr in Marienbad* 11, 32
Rodriguez, Mauricio (Maiz) 165–169, *167*
Rodriguez-Martin (Familie) 131, 160, *161–168*, 165–169
Rodriguez-Martin, Pablo und Samuel 161, 163, 165, *165*, *167*, *168*, 169
The Ron Finley Project 103, 105
Russland 51, 85–89
RYET 213, *213*

S
Sablone, Alexis 131, 138, *139–143*, 143–150, *146*, *148*, *150–151*
  Lady in the Square 143–145
Sámi 133
Sandell, Thomas 54
Schanghai 209
Schaukelstühle
  IKEA PS GULLHOLMEN 133, *133*
Schweden 143–145
Sen no Rikyū 67
Senegal 247
Seto-Geschirr 70
Shintani, Midori 51, 58, *59*, 63–70, *68*
Sibirien 85
Sierra Wixárika 165
Sinatra, Frank 107
Singapur 211, 223–230
Sjöstedt, Göran 16
Sofas
  KLIPPAN *176–177*, 177
  IKEA PS BETTSOFA 54, *54–55*
Soh, Calvin *219*, 223–230, *224*, *228*, *231*
Soh, Dylan *219*, *222*, 223–230, *228*, *231*
Soh, Eva *219*, 223–230, *231*
Soh (Familie) 211, 218, *219–226*, 223–230, *228*, *230–231*
Sonos 134
Souk El Tayeb, Beirut 91, 125, 127
Spector, Phil, *Wall of Sound* 103
Spets, Anki 94
STARKVIND 215
STARTBOX KÖK No.1 93, *93*
Stühle
  NATURA 13, *13*
  IKEA PS GULLHOLMEN 133, *133*
Südafrika 183
SYMFONISK 134, *134–135*

T
Taipeh 205
Takano, Fumiaki 63
Takano Landscape Planning 63
Tan-Soh, Arlette 223, 225, *231*
Tawlet 125, 127
Tische
  LISABO 16, *16–17*
  LÖVBACKEN 53
  LÖVET 53, *53*
Tokachi Millennium Forest 51, *60–64*, 63–70, *66*, *68*
Tritthocker
  BEKVÄM *56–57*, 57
Tschad 183

U
USA 91, 103–110, 143–150, 171, 192, *193–199*
Uttarakhand, Indien 11, 45

V
VÄRDE 174
Vereinte Nationen 47
Vietnam 133
Vinka, Maria 133
Vuorivirta, Iina 134

W
Wahl, David 215
Waldron, Justin *202–203*, 205–209, *206*
  Poko 171, *202–204*, 205, *206*, 207, 209
Warnhammar, Mikael 174
Wasser
  MISTELN 216, *216–217*
Waters, Liam Sielski 51, 72, *73–79*
Weltgesundheitsorganisation 211, 215
Wihlborg, Ola 94
Wixárika-Gemeinde 165
World Wide Fund for Nature 216

Y
Yoruba 247
Yu, Hugo 171, 192, *193–199*

Z
Zgharta 129

BILDNACHWEISE

Alle Produktfotos: © Inter IKEA Systems B.V. 2021

© Sahil Babbar: S. 233–239; © Matthew Donaldson: S. 113–119; © Devashish Gaur: S. 41–48; © Takashi Homma: S. 59–66, 68, 70–71; © Inter IKEA Systems B.V. 2021/Mohamad Abdouni: S. 121–128; © Inter IKEA Systems B.V. 2021/Julien T. Hamon: S. 179–186, 188, 191; © Inter IKEA Systems B.V. 2021/Ari Marcopoulos: S. 139–146, 148, 150–151; © Inter IKEA Systems B.V. 2021/Mo Mfinanga: S. 99–106, 108, 110–111; © Inter IKEA Systems B.V. 2021/Maganga Mwagogo: S. 241–248; © Inter IKEA Systems B.V. 2021/Thomas Sito: S. 19–26, 28, 30–31; © Inter IKEA Systems B.V. 2021/Juliana Tan: S. 219–226, 228, 230–231; © Inter IKEA Systems B.V. 2021/Liam Sielski Waters: S. 73–79; © Inter IKEA Systems B.V. 2021/Hugo Yu: S. 193–199, Einband; © Brigitte Niedermair: S. 153–159; © Gueorgui Pinkhassov/Magnum Photos: S. 81–88; © Barbara Probst: S. 33–39; © Pia Riverola: S. 161–168; © Casper Sejersen: S. 201–208.

DANKSAGUNG

Der Verlag bedankt sich bei den folgenden Personen für ihren Beitrag zu diesem Buch:

Fernanda Anaya, Hilary Bird, Sara Borgström, Richard Clack, Adela Cory, Lars Dafnäs, DoBeDo Represents, Linda Edevik, Marcus Engman, Guillaume Fabiani, Therese Gerdman, Sophie Gladstone, Holly Hay, IKEA Marketing & Communication, IKEA Museum, IKEA of Sweden, Ehlén Johansson, Nike Karlsson, Oskar Krona, Petter Kukacka, Linda Lindestam, Magnum Photos, Marie Lundström, Amanda Mackie, João Mota, Tony Nilsson, Rita Peres Pereira, Jennifer Permata, Mattias Rexare, Kim Scott, Lena Simonsson-Berge, Maisie Skidmore, Seetal Solanki, Rikard Uddenberg, Vivek Vadoliya, Maria Vinka, Elaine Ward, Jonathan Whale, Daisy Woodward, DK Woon, Linda Worbin, Regina Zinnatova.

Phaidon Verlag
Zähringer Straße 24
10707 Berlin

phaidon.com

Originalausgabe 2022

ISBN 978 1 83866 493 0

Alle Rechte vorbehalten. Kein Teil dieser Veröffentlichung darf ohne schriftliche Genehmigung des Urheberrechtsinhabers und des Herausgebers in irgendeiner Form oder auf irgendeine Weise elektronisch, mechanisch, durch Fotokopieren, Aufzeichnen oder auf andere Weise reproduziert, in einem Datenabrufsystem gespeichert oder übertragen werden.

Chefredaktion: Emilia Terragni
Projektredaktion: Kim Scott
Redaktion: Maisie Skidmore
Kreativstrategie: DK Woon
Co-Autorin: Daisy Woodward

Kreativdirektion: Petter Kukacka
Künstlerische Leitung/Design: Oskar Krona
Grafik: Rita Peres Pereira

Fotoredaktion: Holly Hay
Fotoproduktion: Sophie Gladstone

Produktion: Elaine Ward, Adela Cory, Amanda Mackie

Gedruckt in Deutschland